O.W. BARTH

THICH NHAT HANH

Das Wunder im Jetzt

Aus dem Englischen von Ursula Richard

O.W. BARTH

Die amerikanische Originalausgabe erschien 2015 unter dem Titel
»Inside the Now« bei Parallax Press, Berkeley, California.

Besuchen Sie uns im Internet:
www.ow-barth.de

MIX
Papier aus verantwortungsvollen Quellen
FSC® C004592
FSC
www.fsc.org

Deutsche Erstausgabe Februar 2017

Covergestaltung: ZERO Werbeagentur GmbH, München
Coverabbildung: malerapaso
Illustrationen: Chinesische Kalligraphie S. 140 vom Hochehrwürdigen Kai Ly;
alle anderen Kalligraphien von Thich Nhat Hanh
Pinselstrichbilder: Shutterstock.com: S. 2, 4, 8, 16–17, 32, 36, 48–49, 50, 59, 65, 70–71, 72, 75, 81, 95, 96, 105, 114, 130, 133, 148, 154–155 optimarc/S. 18, 90, 138–139 Undrey/S. 76, 101 igorstevanovic/S. 117 Roman Samokhin/ S. 121 nomadFra/ S. 145 Tomasz Romski; iStockphoto: S. 56, 88–89 kevinruss/S. 109 graphixel/
Autorenfoto Umschlag: © Dana Gluckstein 2016
Satz: Adobe InDesign im Verlag
Druck und Bindung: Firmengruppe APPL, aprinta druck, Wemding
ISBN 978-3-426-29267-9

2 4 5 3 1

Alles, was du gesucht hast,
ist im gegenwärtigen Moment bereits da.

Inhalt

Vorwort

Das Buch *Das Wunder im Jetzt* besteht aus zwei Teilen: der erste ist ein autobiographischer Prolog *(Der Weg hinein)*, und der zweite ist eine tiefgründige Kontemplation über Zeit, Liebe und Glück *(Jetzt sehe ich)*. Thich Nhat Hanh schrieb dieses Buch im Sommer 2013 während seines Aufenthalts am Europäischen Institut für Angewandten Buddhismus (EIAB) in Waldbröl in Deutschland.

Jetzt sehe ich ist ein längeres Gedicht in freier Versform über die Zeit und darüber, was es bedeutet, vollständig im Hier und Jetzt präsent zu sein. Als Inspiration diente Thay (so wird Thich Nhat Hanh von seinen Schülerinnen und Schülern genannt) eine Reihe von Versen über das Vergehen der Zeit aus dem bekanntesten epischen Gedicht Vietnams, *Die Geschichte der Kiều*. Ähnlich hat der japanische Zen-Meister Dōgen (1200–1253) für seine große Kontemplation über die Zeit, »Sein-Zeit« (Uji, 有時), Zeilen aus einem älteren chinesischen Gedicht herangezogen.

Für viele Leserinnen und Leser wird dies wohl die erste Begegnung mit der *Geschichte der Kiều* sein, eine historische Erzählung mit teilweise romantischen und teilweise tragischen Aspekten, die in der mittelalterlichen Welt des Konfuzianismus und der Kriegsherren angesiedelt ist. Es ist die Geschichte einer wunderschönen jungen Frau, die große Liebe erlebt, aber auch gewaltiges Unglück und tiefes Elend erleiden muss. Ihre Liebe und ihr Leiden führen Kiều schließlich zu einem tiefen Verstehen und einer tiefen Einsicht. Thay hat einige anschauliche Momente aus der *Geschichte der Kiều* ausgewählt, die etwas Universales über unsere Erfahrung von Zeit, Liebe und Glück enthüllen. In den Anmerkungen finden sich für interessierte Leserinnen und Leser eine kurze Zusammenfassung der *Geschichte der Kiều* sowie nähere Angaben über den Kontext der Zitate.

Sie wissen vielleicht aus eigener Erfahrung, wie Sie in Augenblicken intensiver Liebe – sei es die Liebe in einer tiefen Freundschaft, die Liebe zwischen Eltern und Kindern oder die Liebe in einer Paarbeziehung – das »Jetzt« mit größerer Lebendigkeit und Intensität berühren. Wenn Sie einem geliebten Menschen in die Augen schauen, sie einander ganz nah sind und einander vollständig sehen und erkennen, spüren Sie vielleicht, dass die Zeit stillsteht.

In *Jetzt sehe ich* zeigt uns Thay, wie *jeder* Moment, auch einer, den wir allein auf unserem wundervollen Planeten erleben, dieselbe Intensität und Qualität tiefer Liebe und Verbundenheit haben kann. Jeder Moment ist bereits viel schöner, als wir uns das jemals hätten vorstellen können. Wir müssen nur lernen, das zu sehen.

Jetzt sehe ich beginnt mit der Feststellung, dass es so etwas wie einen Himmel, in dem alles rein und paradiesisch ist, nicht gibt. Thay hat oft gelehrt, dass es ohne Schlamm keine Lotosblume geben kann. Und so können auch wir kein Glück erfahren ohne Leid: Das Glück erwächst aus dem Verstehen und der Transformation des Leidens. Der wundervolle gegenwärtige Moment ist von daher ein Ort, wo wir unser Leiden und unsere Schwierigkeiten umarmen und verstehen können. Thay zeigt uns, wie wichtig es ist, ins Jetzt zurückzukehren, um wahrhaftige Freude zu kultivieren, sich um Leidvolles zu kümmern und Verstehen, Liebe, Mitgefühl und Einsicht zu entwickeln, und dazu nutzt er die ausdrucksstarke Poesie der *Geschichte der Kiều*, ebenso wie die Gedichte bekannter Zen-Meister sowie seine eigene Dichtung.

Vielleicht hat Thay die *Geschichte der Kiều* inspiriert, weil das Leiden der Kiều ihn an das Leiden erinnert, das er und die, die ihm nahestanden, in Vietnam in den Jahrzehnten der Kolonisation, der Besatzung, der Gewalt und des Krieges erlebt haben. *Jetzt sehe ich* ist eine Art Lotos, der aus dem Schlamm jenes Leidens erblüht ist.

Nach Fertigstellung des Manuskriptes *Jetzt sehe ich* schrieb Thay die autobiographische Einführung, die er *Den Weg hinein* nannte. Es ist ein Prequel zu *Jetzt sehe ich*, und er beschreibt darin seine Jahre in Vietnam von 1949 bis zu seinem Exil 1966. In diesen herausfordernden und prägenden Jahren rang Thay als junger Mönch, Dichter, Gelehrter und als jemand, der eine Gemeinschaft aufbaute, damit, in Vietnam einen Buddhismus zu entwickeln, der relevante Antworten auf die Leiden jener Zeit gab.

Thay beschreibt seine tiefe Verbindung zu seinen Mönchsgefährten und Dichtern,

Lehrern, Freunden und Schülern, und wir erfahren, wie sie ihren Geist durch Poesie, Schreiben und die engen Bande der Brüderlichkeit und Schwesterlichkeit nährten und unterstützten. Thay stellt uns einige der Menschen vor, die ihn inspirierten, die ihn unterstützten, aber auch diejenigen, die in den Kriegswirren ihr Leben verloren. Die tiefen Erfahrungen von Lebendigkeit, Liebe und Verlust, wie er sie in *Der Weg hinein* beschreibt, finden ihren Widerschein in seinen Einsichten bezüglich Zeit und Intersein in *Jetzt sehe ich*. In seinem autobiographischen Schreiben zeigt Thay, dass Verstehen, Liebe, Mitgefühl und Einsicht keine abstrakten Vorstellungen sind, sondern Energien, die in realen Lebenssituationen erzeugt werden können, unabhängig davon, wie schwierig diese auch sein mögen.

Thay zeigt uns in *Der Weg hinein*, wie Poesie sowohl ein Lied der Einsicht als auch eine beredte Stimme für einen Wandel sein kann. Als eines von Thays Gedichten 1966 erstmals in *The New York Review of Books* abgedruckt wurde, dominierte es die Titelseite und beförderte eine nationale Diskussion über die schrecklichen Kosten des Krieges. Sein unermüdliches Streben, mutig und ausdrucksstark zu schreiben, dabei manchmal sogar sein eigenes Leben aufs Spiel setzend, kann uns Inspiration sein, Wege zu entdecken, wie wir mit einer spirituellen Stimme zu den Fragen und Problemen unserer eigenen Zeit etwas beitragen können – zu den Herausforderungen durch Krieg und Gewalt, Hass und Diskriminierung und der Zerstörung unseres wunderschönen Planeten.

In den Jahrzehnten nach 1966 hat Thay, ausgehend von seinen Wurzeln im vietnamesischen Zen, äußerst wirkungsvolle Methoden der Achtsamkeit und Meditation entwickelt, die über nationale Grenzen und solche des Glaubens hinausreichen, um Frieden und Heilung zu berühren und Mitgefühl und Einsicht zu kultivieren. In den 1950er und 60er Jahren war er unermüdlich auf der Suche, in *Jetzt sehe ich* offenbart er in tiefgründiger Einfachheit und großer Eloquenz, wonach er gesucht und was er gefunden hat.

Es gibt keinerlei Trennung zwischen Thays Spiritualität, seiner Dichtkunst und seinem unermüdlichen Streben, sich mit dem Leiden in der Welt zu befassen und es zu transformieren. So wie seine frühen, tiefgründig spirituellen Gedichte und Artikel ein Aufruf für den Wandel in Vietnam waren, so ist auch diese neue poetische Kontemplation *Jetzt sehe ich* ein Aufruf zu einer tiefen persönlichen Transformation für alle, die diesen Text lesen.

Dieses Buch zeigt zwei unterschiedliche Stimmen: die Stimme und Poesie von Thay als junger Mönch in *Der Weg hinein* und die klare und direkte Stimme eines Zen-Meisters in *Jetzt sehe ich*, der uns auffordert, unser Herz zu öffnen, in den Moment einzutauchen und wirklich das Jetzt zu berühren.

Wir hoffen, diese sehr persönliche, intime Reise spiritueller Erkenntnis wird Ihnen einen Weg zeigen, das Jetzt so tief zu berühren, dass Sie zu sehen vermögen, wer Sie wirklich sind, wen Sie wahrhaftig lieben, und Sie gemeinsam das Letztendliche berühren.

Sister True Dedication

Der Weg hinein

Poetische Inspiration

Für Thich Nhat Hanh – eine Brücke der Sympathie zwischen Spiritualität und Poesie
Von Tru Vũ

Meinen Kopf auf illusorischen Träumen bettend,
webe ich die Seele der Poesie in das Gewand von Himmel und Erde.
Inmitten fallender Herbstblätter schlafend,
erhebt sich die Erde, um den Himmel zu berühren.
Wer lässt den Herbst in die Ferne zurückweichen?
Welches Lied steigt aus dem Meer empor?
Wer malt graue Wolken auf die Leinwand des Raumes?
Ein herabfallendes goldenes Blatt reicht aus, mein Herz zu verstören.
Während ich in meinen Händen die Jahreszeiten der Schöpfung halte
und mich der Erde und des Himmels annehme,

schläft das Leben tief unter meinen Füßen,

der Körper fest gebunden unter der uralten Erde.

Aus tausend Richtungen kommt der Wind des Himmels und des Meeres,

trägt die Flügel eines einsamen Vogels in die Ferne und die Höhe.

Ich kehre zurück, eins mit der Leerheit.

Die Inspiration eines Dichters währt tausend Jahre …

Trụ Vũ

Als ich 23 Jahre alt war, traf ich am Tempel »Quelle des Erwachens« in der Hafengegend von Saigon, wo ich als junger Mönch lebte, zwei verarmte junge Dichter, Trụ Vũ und Quách Thoại. Es war im Herbst 1949, seit drei Jahren war unser ganzes Land in einen schrecklichen Krieg verwickelt, gefangen zwischen der Kolonialmacht Frankreich, die darum kämpfte, das Land für sich zu erhalten, und den Widerstandskämpfern, die die Unabhängigkeit Vietnams erreichen wollten.

Die Dichter waren zum Tempel gekommen und unterrichteten dort nun die Novizen in vietnamesischer Literatur, um irgendwo eine Bleibe und etwas zu essen zu haben. Vor kurzem hatte die *Dragon River Press* zugestimmt, eine Sammlung meiner Gedichte *Rohrflöte im herbstlichen Dämmerlicht* zu drucken. Es war mein erstes Buch. Als Bezahlung bekam ich fünfzig Autorenexemplare, die ich unter meinen Freunden verteilte, so dass ich nun keine Bücher mehr für unsere beiden jungen Dichter hatte.

Eines Nachmittags unterrichtete ich die Novizen im Tempel »Empfänglicher strahlender Glanz«, der an einer Straße lag, die von den französischen Kolonialisten Rue de Lorgeril genannt wurde. Trụ Vũ kam auf der Suche nach mir in den Tempel. Er hatte bei der *Dragon River Press* ein Exemplar von *Rohrflöte im herbstlichen Dämmerlicht* gefunden und es in den Tao-Dan-Garten mitgenommen, wo er sich ins Gras legen und es lesen wollte. Er schlief ein, und beim Erwachen fiel ihm das Gedicht »Poetische Inspiration« ein. Er machte sich sofort auf die Suche nach mir und schenkte es mir. Aus diesem innigen Austausch entwickelte sich zwischen uns eine tiefe Verbindung.

Trụ Vũ setzte dem Gedicht folgende Widmung voran: *»Für Thich Nhat Hanh – eine Brücke der Sympathie zwischen Spiritualität und Poesie.«* Ist aber, so überlegte ich, solch eine Brücke wirklich notwendig? Ist Poesie nicht bereits Spiritualität und Spiritualität nicht schon Poesie?

Ein paar Monate später fügte ich in einen Abschnitt über das Dahinscheiden des Buddha in meiner Gedichtsammlung *Das goldene Licht des Frühlings* zwei Zeilen über die wechselseitige Verbundenheit und das tiefe Intersein von Poesie und Buddhismus ein:

Möge das strahlende Licht des goldenen Pfades – Quelle der Poesie –

die Tiefen der dunkelsten Nacht erleuchten.

Das Lied der Ewigkeit

Von den beiden jungen Dichtern sahen wir Quách Thoại viel seltener als Trụ Vũ. Sein Schreiben verriet einen starken und kühnen Geist, seine körperliche Konstitution war dagegen eher schwach, und innerhalb weniger Jahre starb er an Tuberkulose. Unter seinen Manuskripten fanden wir das Gedicht »Eine Dahlienblüte«, das mich tief berührte.

Ganz still stehst du am Zaun

und lächelst dein wundervolles Lächeln.

Ich bin sprachlos, und meine Sinne sind erfüllt

vom Klang deines schönen Liedes, ohne Anfang und Ende.

Ich verbeuge mich tief vor dir.

Ein paar Jahre später tauchte Quách Thoạis schöne, wundersame Blume in meinem Gedicht »April« wieder auf.

… Die Sonne steht am Himmel.

Eins deiner winzigen Blütenblätter trägt einen Tautropfen,

ahmt die Sonne nach, glänzend leuchtend.

Der Wald weiß wohl nicht, dass du da bist,

auch wenn du schon dein unsterbliches Lied angestimmt hast.

Ein Lied, das klingt, als sei es immer schon hier gewesen

in der feierlichen Stimmung des tiefen Waldes …

Der goldene Pfad

In meinen jungen Jahren waren die hauptsächlichen Quellen meiner Inspiration, um Mönch zu werden, der Zen-Meister Mật Thể und der Schriftsteller Nguyễn Trọng Thuật, der das berühmte Buch *Die Wassermelone* schrieb, eine der ersten überhaupt in Vietnamesisch geschriebenen Novellen. Nguyễn Trọng Thuật schrieb auch eine sehr inspirierende Geschichte der Zen-Tradition in Vietnam, die als Serie in der Zeitschrift *Fackel der Weisheit* erschien. Zen-Meister Mật Thể war ein brillanter Gelehrter mit einer großen Vision für die Zukunft des Buddhismus. Sein inspirierendes Buch *Der Frühling der Ethik* wurde 1942 veröffentlicht, in dem Jahr, in dem ich Novize wurde. Mật Thể plädierte dafür, dass es die Mission des Buddhismus sei, einen »Neuen Frühling« für unser Land hervorzubringen. Er glaubte, buddhistische Spiritualität und Ethik könne einen neuen Pfad eröffnen, der die Menschheit von dem großen Ausmaß an Zweifel, Verzweiflung und Verdorbenheit befreien könne. Von allen Älteren fühlte ich mich ihm in meinem tiefen Wunsch, Mönch zu werden, am nächsten. Auch er schrieb Gedichte – Gedichte voller Sanftheit und Reinheit.

Der Mond scheint nach dem Regen

Der Hof ist erfüllt vom Wohlgeruch einer Brise

Die Glocke erklingt in der Abendstille

Fragt, welche Seelen erwacht sind.

Zen-Meister Mật Thể

Thay Mật Thể wurde mit 12 Jahren im Bambuswaldkloster in Hué ordiniert. Zu jener Zeit kam Frau Đạm Phương, eine der ersten Feministinnen in Vietnam und eine bedeutende Schriftstellerin, regelmäßig in den Tempel, um die Mönche in Literatur und moderner vietnamesischer Schrift zu unterweisen. In jenen Tagen konnten manche Mönche besser Sino-Vietnamesisch lesen und schrieben und benutzten chinesische Schriftzeichen anstelle des romanischen Alphabets des neuen Systems. Doch da Thay Mật Thể sowohl Vietnamesisch als auch Chinesisch beherrschte, lernte er bereits Französisch und konnte so die aktuellen buddhistischen Forschungen französischer Gelehrter lesen. Später studierte er am buddhistischen Xiao-Shan-Institut in China, und als er die Mönchsgelübde empfing, war er bereits ein anerkannter Professor für Buddhismus und hatte Bücher über die Geschichte des Buddhismus in Vietnam veröffentlicht.

Das Herz der Ewigkeit

Ich fühle mich sehr vom Glück begünstigt, da ich als Mönch so vielen wundervollen älteren und jüngeren Brüdern nah sein konnte. Wir liebten einander mehr als unsere blutsverwandten Brüder. Glücklich lebten, studierten und praktizierten wir im Geiste wahrer und wundervoller Brüderlichkeit zusammen. Wir liebten den Buddhismus, und wir liebten unser Land. Wir alle wollten im Kleinen wie im Großen etwas dazu beitragen, um den Widerstand gegen die französische Besatzung zu unterstützen. Viele von uns teilten einen tief verankerten Glauben, dass es möglich sei, einen Buddhismus zu schaffen, der auf die Bedürfnisse unseres Landes antwortete, der im täglichen Leben angewandt werden und uns von unserem Leiden befreien konnte.

Doch acht Jahre lang, von 1946 bis 1954, war der Krieg mit den Franzosen allgegenwärtig – der »dreckige Krieg«, wie Jean-Paul Sartre ihn nannte. Die Wände unseres Tempels in Huế waren von Einschusslöchern durchsiebt, und am Ende jedes Tages kehrten Krieg und Tod zurück. Die Geräusche der Gewehrfeuer und Explosionen waren aus allen Richtungen zu hören, und die Kugeln flogen über unser Dach. Französische Soldaten durchkämmten unsere Tempel auf der Suche nach Widerstandskämpfern und Nahrung und forderten von uns, ihnen unseren letzten Reis zu überlassen.

Mönche wurden getötet, obwohl sie unbewaffnet waren. Mein älterer Bruder Trí Thuyên wurde von den Franzosen in der Diamantberg-Pagode erschossen. Einige meiner Novizengefährten, enge Freunde, mit denen ich im Báo-Quốc-Institut für Buddhistische Studien in Hué studiert hatte, wurden ebenfalls erschossen. Mein jüngerer Bruder, Tâm Thường, wurde auf dem Berg der Unsterblichen getötet, direkt neben dem Zenlinien-Tempel. Der junge Minh Tâm wurde im ländlichen Bezirk von Phong Điền erschossen, und der junge Tánh Huyền wurde hinter dem Tempel »Verheißungsvolle Wolken« erschossen. Bruder Châu wurde direkt im Stadtzentrum von Hué erschossen …

Im Geheimen organisierten wir Erinnerungszeremonien für unsere Brüder. Wir bewahrten ein Porträt von Thầy Trí Thuyên und die folgenden vier Zeilen von Thầy Trọng Ân:

In alten Zeiten, waren wir da nicht zusammen,

haben das wohlriechende Räuchergefäß entzündet und unter dem

Turm der Klarheit gelobt?

Doch jetzt, da das Land in Unfrieden ist,

wo ziehst du verloren umher? Dein Bild, es bleibt hier.

Am Jahrestodestag unseres jüngeren Bruders Tâm Thường schrieb ich dieses Gedicht:

Tâm Thường, mein Freund, kannst du im frühen Morgendunst
den Ruf des Windes inmitten der tausend Kiefern hören?
Auf dem Berg der Unsterblichen liegt die alte Pagode im Verborgenen,
eingehüllt im Pulverdampf und Dunstschleier des Krieges.
Hast du das Rotkehlchen gesehen, das nah beim Wald gelandet
ohne Unterlass seine gramerfüllten Laute ausstößt?
Wann hört es jemals auf?
Vernimmst du die Klänge der Musik
voll edlem Wollen und stärkster Entschlossenheit?
Die Quelle poetischer Inspiration entsteigt vergangenen Jahrhunderten
als ein freudvoller Ruf.
Im Geiste, an der Quelle des erhabenen Weges,
ein Pfad, zwei Bestrebungen, die sich gemeinsam erheben.
Wir gehen weiter … Erinnere dich an die Frühlingsabende vergangener Jahre,
als sich alle um die warme Feuerstelle
versammelten, die nach Sandelholz duftete.

Wir gehen aus … zärtlich weht der Wind über Berge und Flüsse.
Der Frühling stürzt sich auf Tausende Bäume, strahlend vor Freude.
Der kraftvolle Ruf des Geistigen schwillt an zum Aufruhr:
»Raus jetzt, geht. Die Dunkelheit hat zu lange gedauert,
findet die alten Ruinen, verborgen im fernen Ozean!
Bringt das Licht zurück zu den Schattenorten!«
Wir schreiten aus, unsere Herzen noch jung und voller Begeisterung,
schauen auf die ziehenden Wolken, die diesigen Berge und Flüsse in weiter Ferne.
Auf dem langen Pfad bin ich voller Leidenschaft.
»Das Herz dieses Tages wird das Herz der Ewigkeit sein.«
Mein Freund, der Spiegel der Zeit war niemals zerbrochen,
die Quelle des Lebens im Herzen eines jeden ist unendlich still.
An diesem Abend ist Räucherwerk entzündet, und der Rauch strömt nach oben,
geh, mein Freund, und suche die auf, die im unentdeckten Land leben!

»Das Herz dieses Tages wird das Herz der Ewigkeit sein« – dies sind die Worte, mit denen wir gelobten, unseren Weg geduldig weiterzuverfolgen und unserem Ideal zu dienen, das zu leben wir geschworen hatten. Wir wussten, dass der Geist poetischer Inspiration, das Herz der Spiritualität und der Geist der Liebe nicht durch den Tod ausgelöscht werden konnten. Wenn diejenigen, die vorangingen, niedergemäht wurden, dann würden diejenigen, die ihnen folgten, ihr Werk fortsetzen.

Um 1950 herum zogen drei von uns jungen Mönchen, die im Tempel »Quelle des Erwachens« in Saigon gelebt hatten, in das zentrale vietnamesische Bergland, um in der Pagode »Wundersames Strahlen« auf der Dalat-Hochebene eine Gemeinschaft junger Mönche und Nonnen aufzubauen. Wir hatten das große Bedürfnis, mit anderen zusammenzukommen, um uns gegenseitig zu stärken, und wir wollten unbedingt einen Weg finden, den Buddhismus für die unmittelbaren Bedürfnisse der Bevölkerung relevant zu machen. Mit der uneingeschränkten Unterstützung des jungen Abtes bauten wir ein buddhistisches Studieninstitut für Mönche und Nonnen auf, wir gründeten eine Mittel- und eine Grundschule für Kinder – es waren die ersten von Mönchen und Nonnen geleiteten privaten buddhistischen Schulen in Vietnam.

Ein neuer Frühling

Die Franzosen mussten 1954 ihre Kolonien in Vietnam aufgeben, nachdem sie in der Schlacht von Điện Biên Phủ eine entscheidende Niederlage erlitten hatten. Die Genfer

Friedenskonferenz endete nach drei Monaten mit einem Waffenstillstandsvertrag und der Teilung des Landes in Nord und Süd. Die Nachricht von der Teilung des Landes schockierte die gesamte Bevölkerung. Viele junge Mönche und Nonnen waren erschüttert und durcheinander. 1954 beorderte mich die neue buddhistische Verwaltung Süd-Vietnams aus dem Hochland nach Saigon zurück und bat mich um Hilfe, das Studien- und Praxisprogramm für die junge Generation von Mönchen und Nonnen zu erneuern und zu modernisieren. Zusätzlich zu den Klassen gründeten wir bald einen Studentenverband und gaben eine Zeitschrift mit dem Titel *Die Neue-Lotos-Jahreszeit* heraus. Wir riefen die Bewegung des »Engagierten Buddhismus« ins Leben, einen Buddhismus, der als ein Floß dienen sollte und das ganze Land aus seiner verzweifelten Lage, die geprägt war von Gegeneinander, Teilung und Krieg, zu retten vermochte.

Ich war ein junger Dharmalehrer, und meine Schülerinnen und Schüler in Saigon waren wie meine jüngeren Brüder und Schwestern. Wir teilten eine gemeinsame Vision und ein Ziel, und wann immer ich an sie denke, auch jetzt gerade, empfinde ich so viel Dankbarkeit – für die Liebe zwischen Lehrer und Schüler und für den gemeinsam geteilten Geist der Brüderlichkeit und Schwesterlichkeit. Diese Liebe hat uns getragen, und unsere engen Freundschaften haben es vermocht, alle anderen Arten von Liebe zu nähren. Wenn ich heute zurückblicke, bin ich sehr dankbar, dass ich immer eine gute Beziehung zur jüngeren Generation gehabt habe.

Der Geist unseres Engagierten Buddhismus setzte die Vision des Zen-Meisters Mật Thể fort, doch sie erschien dennoch der Mehrheit der Älteren des buddhistischen Establishments als zu radikal. Sie verwarfen viele unserer Ideen und versuchten, unsere Stimmen mehr und mehr zum Schweigen zu bringen. Wir fühlten uns verloren. Wir waren jung, hatten keinen Einfluss, keine eigenen Tempel. Wie konnten wir unsere Träume verwirklichen? Wir weigerten uns, unsere Hoffnung aufzugeben. Wir schrieben weiterhin Artikel, veröffentlichten Bücher und setzten die Samen eines neuen vereinten Buddhismus, der Antworten auf die Bedürfnisse der Menschen und die Erfordernisse unserer Zeit geben sollte.

Zen-Meister Mật Thể starb mit nur 49 Jahren. Auch wenn er seinen Traum zu Lebzeiten nicht verwirklichen konnte, so lebte dieser Traum in uns weiter, und er tut es immer noch. Nach seinem Tod übernahm ich seinen einzigen Schüler Thầy Châu Toàn, den ich wie einen jüngeren Bruder liebte. Vielleicht liebte ich ihn sogar noch mehr als einen blutsverwandten Bruder, denn wir hatten denselben Traum, dasselbe Ziel. Das gilt für all meine Brüder. Es ist seltsam, aber wir waren nie wütend aufeinander, und wir haben uns nie gestritten – vielleicht weil wir einander so tief vertrauten.

Wald-Zuflucht

Während dieser schwierigen Jahre tat ich, gemeinsam mit einer Reihe enger Freunde, Schülerinnen und Schülern, alles, um einen Graswurzel-Buddhismus zu schaffen, der auf die Herausforderungen der Zeit Antworten geben konnte. Rezitationen und Gebete reichten nicht aus, um den Krieg zu beenden. Doch man warf uns vor, Zwietracht zu säen, unsere Zeitschriften wurden eingestellt, und die Rückschläge, mit denen wir uns in unserem Ringen um Frieden konfrontiert sahen, begannen uns zu zermürben. In dieser Situation hatten einige von uns die Idee, ein Praxiszentrum aufzubauen, einen Zufluchtsort, an dem wir uns nach Zeiten intensiver Aktivität stärken und heilen konnten. Ein solcher Ort würde uns die Möglichkeit bieten, für die Menschen unseres Landes konkrete buddhistische Übungen zu entwickeln, die unsere Wunden heilen und unseren Geist erfrischen konnten und die uns die nötige Stärke gaben, weiter zum Wandel unserer Situation beizutragen.

Im August 1957 suchten und fanden wir in der bergigen Region des Đại-Lao-Waldes Land, einen abgelegenen, ruhigen Ort mit viel Platz, klaren Flüssen und vielen Spazierwegen. Ich erinnere mich noch, wie ich die Schotterstraße zu dem tiefen, geheimnisvollen Waldstück zum ersten Mal hochfuhr. Schwester Diệu Âm, unsere furchtlose, mitfühlende ältere Schwester, die unsere Vision mit großer Zuversicht und tiefem Vertrauen aktiv unterstützte, begleitete mich. In dem Moment, als wir den Wald zum ersten Mal sahen, wusste ich, dass wir die Zukunft sahen. Dort gründeten wir dann die Phương-Bối-Einsiedelei (die Einsiedelei »Duftende Palmblätter«), aus der mit der Zeit eine Praxisgemeinschaft wurde. Unsere Idee war es, dort Dattelpflaumenbäume zu pflanzen und unsere Gemeinschaft durch den Verkauf der Früchte zu erhalten, und wir wollten den Ort Dattelpflaumen-Dorf nennen.

Doch nach nur vier Jahren waren wir gezwungen, unsere Zuflucht wieder aufzugeben und uns einmal mehr in alle Winde zu zerstreuen. Die Regierung verdächtigte uns geheimer Aktivitäten, und wir konnten nicht länger dort bleiben. Einige von uns flohen nach Saigon, andere mussten in einen jener Weiler ziehen, die die Regierungstruppen zum »Schutz« errichtet hatten.

Unser Plum-Village-Praxiszentrum in Frankreich ist eine neue Manifestation des Geistes von Phương Bối. So wie es das Bát-Nhã-Kloster war, das in den Hügeln nicht weit von Phương Bối gegründet worden war. Über vierhundert meiner jungen vietnamesischen monastischen Schülerinnen und Schüler haben dort zwischen 2005 und 2009 eine blühende Praxisgemeinschaft aufgebaut. Auch wenn die Regierung diesen Ort – aus Angst vor der wachsenden Popularität des Klosters – 2009 schloss und die Gemeinschaft mit Gewalt auflöste, verkörpern diese jungen Mönche und Nonnen in unseren Praxiszentren überall in der Welt sowohl den Geist von Bát Nhã als auch den von Phương Bối.

Gedichte für den Frieden

1964 wurde ich gebeten, Chefredakteur der Wochenmagazins *Hai Triều (Der Klang der steigenden Flut)* zu werden, der offiziellen Publikation der neu gegründeten Vietnamesischen Vereinten Buddhistischen Kirche in Saigon. Ich lud meinen jüngeren Bruder Thầy Châu Toàn ein, als Redaktionssekretär für die Zeitschrift zu fungieren, und er bat seinerseits den bekannten Dichter Vũ Hoàng Chương, die Verantwortung für die Lyrikseiten zu übernehmen. Zu jener Zeit hatten wir auch gerade die *Fragrant Palm Leaves Press* gegründet, in der viele einflussreiche Bücher von Gelehrten und Künstlern aus der Hauptstadt erschienen.

Vũ Hoàng Chương hatte vor kurzem das Gedicht »Feuer des Mitgefühls« veröffentlicht – zu Ehren des Ehrwürdigen Thích Quảng Đức, unseres verehrten älteren Bruders, dessen Liebe, Mut und Hoffnung so groß waren, dass er sich selbst verbrannt hatte, um die Welt auf das Leiden des vietnamesischen Volkes aufmerksam zu machen. Vũ Hoàng Chương war so etwas wie der Hofdichter des Südens, und obwohl er später vor allem für seine »betrunkene Lyrik« und seinen von Leidenschaften und Trunksucht geprägten Lebensstil bekannt wurde, war der Buddhismus damals seine primäre Inspirationsquelle. Seine aus den 1960er Jahren stammenden Gedichte waren von Reinheit, Hoffnung und dem Frieden der Meditation durchdrungen.

Buddhas Herz ist von Liebe bewegt für dieses sorgenvolle Leben.
Seinen Körper verwandelt er in Schnee, der aus den vier
Himmelsgegenden herabsinkt,
er wird zu einem hundertblättrigen Lotos, einem tausend Meter hohen Baum.
Alle Bitterkeit schwindet durch einen einzigen Tropfen der Stille.

Hai Triều Am (Der Klang der steigenden Flut) begann schon bald über die Bemühungen der buddhistischen Gemeinschaft zu berichten, Frieden zu stiften und das Land wiederzuvereinigen. Vũ Hoàng Chương lieferte die Gedichte zu den Fotos und Nachrichten. Er und Thầy Châu Toàn arbeiteten sehr eng zusammen, und sie zogen regelmäßig gemeinsam los, um neue Nachrichten über den Hungerstreik der Mönche im Vietnamesischen National-Tempel (Quoc Tu) zu beschaffen, die gegen die Unterdrückung seitens der Regierung protestierten. Von Zeit zu Zeit besuchte uns Vũ Hoàng Chương im Bambuswald-Kloster und brachte uns ein Gedicht mit. Er war unverblümt und aufsässig – Eigenschaften, die ihn schon einige Monate nach der Machtübernahme der Kommunisten, 1975, Freiheit und Leben kosten sollten.

Ich lebte in der Zeit, als wir alle in Saigon für die Zeitschrift arbeiteten, in einer kleinen Strohhütte auf dem Gelände des Bambuswald-Klosters, eine Stunde mit dem Motorrad vom Stadtzentrum entfernt. Auch Thầy Châu Toàn lebte dort, und mit seinem Moped fuhr er jeden Tag ins Büro der Zeitschrift. Der dortige Abt Thầy Đồng Bổn,

Thầy Châu Toàn und ich – wir drei hatten bereits als Novizen vor zwanzig Jahren in Hué zusammengelebt. Meine beiden Brüder machten das Kloster zu einem wundervollen, glücklichen Zufluchtsort für uns alle. Thầy Châu Toàn war ein Künstler mit einer großen Begabung für schöne Blumenarrangements und Thầy Đồng Bổn ein ausgezeichneter Koch. Wir kamen jede Woche zusammen, um gemeinsam Sitzmeditation, Gehmeditation, Dharma-Austausch und Essen in Schweigen zu praktizieren, und wir entwarfen Zukunftsvisionen. Viele Studentinnen und Studenten aus der Universität – unter ihnen auch Schwester Phượng, die später Schwester Chân Không wurde – schlossen sich uns an und baten mich manchmal, Gedichte vorzutragen.

Es war zu dieser Zeit, dass die wegweisende literarische Zeitschrift *Kreativität* eine »freie Lyrik« *(poésie libre)* einführte, eine Art Lyrik, die sich von den sehr strikten traditionellen Regeln von Versmaß und Rhythmik frei machte. Meine Gedichte über Krieg und Frieden, von denen viele auch in freien Versen geschrieben waren, wurden auf den Lyrikseiten von *Hai Triều Am* veröffentlicht. Als sie 1965 in einem Sammelband erschienen, wollte die Regierungspolizei sie aus den Buchläden entfernen, doch die Exemplare waren bereits alle verkauft. Viele Menschen in Vietnam lasen sie, und manchmal wurden sie auch bei Studentenversammlungen mit Gitarrenbegleitung gesungen so wie die Protestlieder in den USA. Viele von ihnen wurden als »Antikriegsgedichte« angeprangert – interessanterweise von beiden Kriegsseiten.

Hai Triều Am wurde zur populärsten Wochenzeitschrift Vietnams. Ihre Auflage betrug 50 000, und die Hefte wurden mit dem Flugzeug nach Hué und Danang geliefert, um der Nachfrage gerecht zu werden. Mir kam zu Ohren, dass unser geschätzter Lyrikredakteur Vũ Hoàng Chương angemerkt hatte, wie seltsam es sei, dass meine »Friedensgedichte« in *Hai Triều Am* die bei weitem besten Gedichte der freien Lyrikbewegung seien, auch wenn ich sie nie als »freie Lyrik« bezeichnete.

Die folgenden Zeilen sind typisch für diese Gedichte – sie sind dem Gedicht »Unser grüner Garten« entnommen, das in englischer Übersetzung 1966 in *The New York Review of Books* erschien.

Feuersbrünste schießen empor aus allen zehn Enden des Universums

wie die Zähne eines Drachen.

Ein wilder, scharfer Wind treibt sie von überall her auf uns zu.

Fernab verharren Berge und Flüsse in ihrer Schönheit.

Der Horizont ringsum erglüht in den Farben des Todes.

Ich selbst, ja, ich lebe noch,

doch mein Körper, meine Seele, sie winden sich in Qualen,

als stünden sie selbst in Flammen.

Meine Augen, vertrocknet, vergießen keine Tränen mehr.

Wohin gehst du heute Abend, lieber Bruder, wohin?
Ganz nah ist das Knattern des Gewehrfeuers.
Gleich einer welkenden Blume verdorrt unserer Mutter das Herz in der Brust.
Sie senkt ihr Haupt, Fäden von Weiß durchziehen nun ihr weiches, schwarzes Haar.

Wie viele Nächte verbrachte sie wohl zusammengekauert, hellwach,
mit ihrer Laterne nur und betete, dass der Sturm ein Ende habe?
Liebster Bruder, ich weiß sehr wohl, dass du es bist, der mich
heute Nacht erschießen wird,
eine Wunde in das Herz unserer Mutter bohrend, die nie mehr heilt.

O ihr furchtbaren Winde, aus allen Enden der Erde
stürmt ihr herbei, macht unsere Häuser dem Erdboden gleich,
raubt unseren Feldern die reife Frucht!

Ich sage meiner versengten, schwärzlich schwelenden Heimat adieu.
Hier ist meine Brust! Ziel auf sie, Bruder, schieß!
Meinen Körper geb ich hin, den unsere Mutter gebar und nährte.
Vernichte ihn, wenn du willst.
Vernichte ihn im Namen deines Traumes,
dieses Traumes, in dessen Namen du tötest.

Hörst du, wie ich dem Dunkel zurufe:
»Wann hat das Leiden ein Ende?
O Dunkelheit, in wessen Namen nur verrichtest du dein Zerstörungswerk?«
Komm zurück, lieber Bruder, knie zu den Füßen unserer Mutter.

Überlasse unseren grünen Garten
nicht den tobenden Flammen,
die wilde Winde von weit her in unseren Garten trieben.

Hier ist meine Brust! Ziel auf sie, Bruder, schieß!

Vernichte mich, wenn du willst,

und erschaffe aus meinem verfaulenden Fleisch, was immer du erträumst.

Wer wird übrig bleiben, um einen Sieg zu feiern aus Blut und Feuer?

Im gleichen Jahr, 1964, da ich als Herausgeber der *Hai Triều Am* zu arbeiten begann, gründeten wir auch »die Schule der Jugend für Soziale Dienste« (SYSS) und die Van-Hanh-Universität. Unsere Vision für die Universität war, den offenen Geist, der den Bildungssystemen der alten vietnamesischen Dynastien zu eigen gewesen war, wiederzubeleben. Wir wollten den Geist der Jungen von dogmatischen Studien befreien und ihnen die Qualitäten von Verstehen, Liebe und Vertrauen vermitteln, die unser Land retten könnten.[1] Wir ernannten unterschiedliche Brüder, die unsere Arbeitsbereiche leiten sollten. Ein älterer Bruder wurde Rektor der Universität, ein anderer Direktor der Fragrant Palm Leaves Press, ein weiterer, Thầy Thanh Văn, wurde Direktor der SYSS, und mein jüngerer Bruder Thầy Châu Toàn blieb Redakteur von *Hai Triều Am*. Thay Thanh Văn wurde schon mit 24 Jahren Jahren Direktor der SYSS. Er war ein sehr freundlicher und sehr mutiger junger Mönch und leitete mit tiefer Einsicht, Ruhe und Mitgefühl die Tausende junger Menschen an, die in unseren Wiederaufbauprogrammen in den Dörfern arbeiteten. Als er von einem amerikanischen Soldat, der betrunken am Steuer eines Militärlastwagens saß, überfahren wurde, baten wir Thầy Châu Toàn, seine Stelle als Direktor der SYSS zu übernehmen.

Doch kaum zwei Jahre nach dem Beginn all dieser Initiativen wurde ich aus Vietnam verbannt, weil ich es gewagt hatte, öffentlich zu einem Waffenstillstand und zu Friedensverhandlungen aufzurufen. Es war im Sommer 1966. Die SYSS sah sich mit großen finanziellen und juristischen Problemen konfrontiert, und wir mussten aus der Ferne Unterstützung mobilisieren, damit die Schule weitermachen konnte. Die SYSS hatte bereits viele bemerkenswerte Projekte realisiert: Sie hatte Kriegsopfern und Kriegswaisen geholfen, sie hatte Dörfer für Kriegsopfer aufgebaut, damit diese wieder einen festen Ort zum Leben hatten, sie hatte lokal verwaltete Muster-Dörfer gegründet, um die Fähigkeit der Menschen zur Selbstorganisation zu demonstrieren.

Ich kann jetzt sehr deutlich sehen, dass alles, was entstand, eine Fortführung, eine neue Manifestation des Vorherigen war. Das »Bambuswald-Kloster« in Saigon, unsere Zuflucht und unsere Basis in unseren sehr aktiven Zeiten während der 1960er Jahre, war die Fortführung des »Bambuswald-Klosters« in Hué, wo wir als Novizen in den 1940er Jahren in der inspirierenden Gegenwart von Thay Mật Thể studiert und praktiziert hatten. Mein geliebter jüngerer Bruder Thầy Châu Toàn, mit seinem aufrichtigen dienenden Herzen, war die Fortführung seines Lehrers Thay Mật Thể, der uns als Erster die Vision vermittelt hatte, dass so etwas wie Engagierter Buddhismus überhaupt möglich war. Man kann Thay Mật Thể nicht aus Thầy Châu Toàn entfernen und keinen von beiden aus mir. Wir durchdringen und bedingen einander, wir intersind. Das Gleiche gilt für meine älteren und jüngeren Brüder und für jeden meiner Schülerinnen und Schüler.

Aus meinem Land verbannt, konnte ich an Thầy Thanh Vãns Todestag nicht bei ihm sein. Auch als Thầy Châu Toàn verstarb, war mir das nicht möglich. Ich durfte erst 2005 nach Vietnam zurückkehren, nach vierzig Jahren. Ich habe für sie beide Räucherwerk im »Bambuswald-Kloster« und im Tempel »Dahinziehende Wolken« dargeboten.

Heute ist die jüngere Generation der Nonnen und Mönche überall in der Welt unsere Fortsetzung. Auch in unseren Gedichten existieren wir weiter.

Liebe, Gedichte und Zeit

Nguyễn Du (1766–1820) ist vielleicht der größte vietnamesische Dichter. Sein episches Gedicht *Die Geschichte der Kiều* nimmt im Herzen des vietnamesischen Volkes einen speziellen Platz ein, und selbst des Lesens und Schreibens vielfach unkundige Bauern können ganze Passagen aus dem Gedächtnis rezitieren. Für viele heute lebende Vietnamesen ist *Die Geschichte der Kiều* zu einer machtvollen Metapher für das Leben des vietnamesischen Volkes und ihres Heimatlandes geworden.

Die Geschichte handelt von einer hochintelligenten, begabten und schönen, doch verzweifelt unglücklichen jungen Frau namens Kiều, die fünfzehn tragische, unglückselige Jahre zu erdulden hat. Zweimal wird sie in die Prostitution und Sklaverei gezwungen. Doch obwohl sie große Not, immenses Leid und tiefe Verzweiflung erlebt, findet sie immer wieder die Stärke, der Macht der Liebe zu vertrauen. Und es ist diese tiefe Liebe – nicht nur für ihre Familie, für ihre erste Liebe Kim Trọng und für den rebellischen Helden Từ Hải, sondern auch für Tausende von Soldaten, deren Leben sie um einen furchtbaren Preis für sich selbst rettet –, die ihr schließlich Frieden schenkt.[2]

Nguyễn Du fängt intensive Momente des Verstehens und der Einsicht zwischen Kiều und ihren Geliebten ein. Ich habe sein Buch gelesen, als ich noch jung war, und es hat mich sehr überrascht, dass ein so imposanter, ernster konfuzianischer Gelehrter solche inbrünstigen und romantischen Gedichtzeilen schreiben konnte, in denen sich die ganze Leidenschaft, der Leichtsinn und die Torheit der Jugend ausdrücken. Nguyễn Du war Zeuge der hässlichsten und abscheulichsten Seiten einer korrupten Gesellschaft, die einen totalen Zusammenbruch erlebte, doch sah er gleichzeitig, dass Gedichte, wenn sie die Tugend von Schönheit, Erhabenheit und spiritueller Reinheit verkörpern, unter Umständen sogar eine solche Gesellschaft vor einer Katastrophe bewahren konnten.

Die vielen unterschiedlichen Worte, die Nguyễn Du in *Die Geschichte der Kiều* verwendet, um die Erfahrung von Zeit zu beschreiben, haben mich inspiriert, die folgende poetische Kontemplation *Jetzt sehe ich* zu schreiben. Es ist eine tiefe Meditation über Zeit, Liebe und Glück. Liebe Freundinnen und Freunde, bitte lest jeweils immer nur einen kurzen Abschnitt, so wie ihr es auch tätet, würdet ihr *Uji, »Sein-Zeit«*, den Text des großen Zen-Meisters Dōgen lesen.[3]

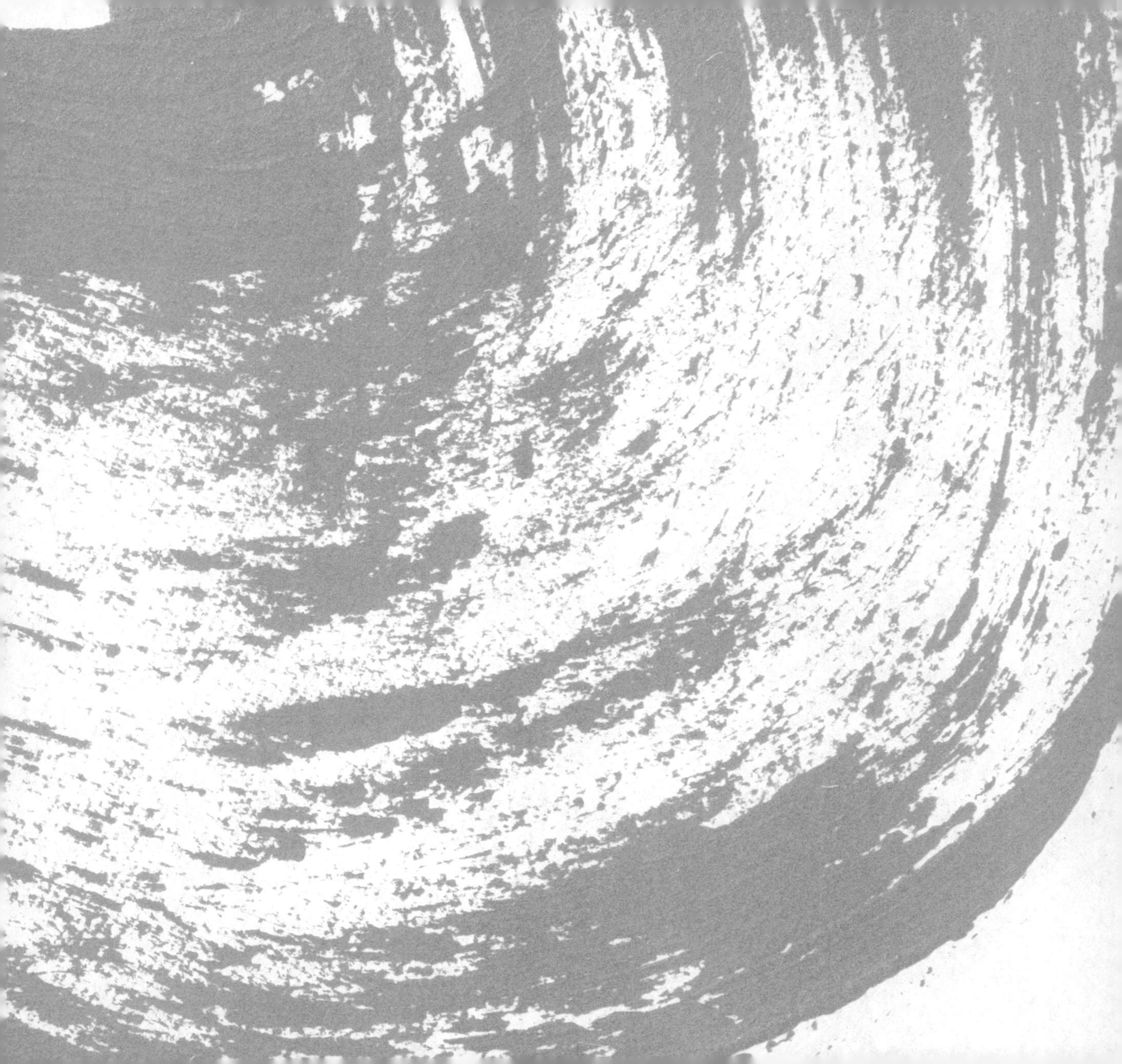

Jetzt sehe ich

now
i see

So lange Zeit, bis jetzt, konnte ich nicht sehen. Warum nicht? Ich mag lange gesucht haben, aber sehen konnte ich noch nicht. Vielleicht beginne ich jetzt zu sehen, weil ich nicht mehr auf der Suche bin. Und was sehe ich? Wonach habe ich gesucht?

Möglicherweise habe ich mich selbst gesucht. Ich will wissen, wer ich bin: *Wer* ist es, der Meditation praktiziert? *Wer* ist es, der versucht, tief zu schauen? *Wer* ist es, der den Namen des Buddha rezitiert?

有土即非淨

言詮何所爲？

佛說原無我

禪師問是誰？

Polin-Tempel

Insel Lantau, Hongkong

Zen-Meister und Reine Länder

Vor fünfzig Jahren entdeckte ich an einer Wand des Polin-Tempels auf der Insel Lantau in Hongkong dieses Gedicht:

Wenn es ein Land gibt, kann es nicht als rein bezeichnet werden.
Welchen Sinn haben Worte und Bezeichnungen?
Wenn der Buddha sagt, es gebe kein Selbst,
Wer ist dann der Zen-Meister?

So etwas wie ein Reines Land gibt es nicht. Wenn es in diesem Land Leben gibt, dann kann dieses Land nicht wirklich rein genannt werden. Die Menschen eines solchen Reinen Landes müssen essen, und wenn sie essen, müssen sie die Nahrung auch ausscheiden. In diesem Land muss es Meditationshallen, Essräume und auch Toiletten geben. Gibt es Toiletten, dann ist es nicht länger rein. Sobald du also die beiden Worte »Reines Land« aussprichst, liegst du falsch. *Welchen Sinn haben Worte und Bezeichnungen?* Anhängerinnen und Anhänger der Reines-Land-Schule des

Buddhismus glauben, dass ihnen das fortwährende Rezitieren von Buddhas Namen hilft, nach dem Tod im Reinen Land, einer Art wunderschönem Himmelreich, wiedergeboren zu werden.

Wenn du nach einem Reinen Land oder einem Himmelreich suchst, in das du nach deinem Tod eingehen könntest, hast du dich verfangen. Wenn du der Zen-Tradition des Buddhismus folgst und glaubst, du müsstest nach einem Meister Ausschau halten, um von ihm die Dharma-Übertragung zu empfangen, hast du dich ebenfalls verfangen.

Wenn es wahr ist, was der Buddha über Nicht-Selbst gelehrt hat, wer ist dann der Zen-Meister? Ist der Zen-Meister, der dich lehrt, ein Selbst? Wer bist du? Wer ist der Zen-Meister? Der Buddha hat es sehr klar gesagt: Es gibt kein Selbst. Wer rezitiert dann den Namen des Buddha? Ich bin es. Doch ich weiß nicht wirklich, wer ich bin – und deshalb suche ich mich.

»Wer ist es, der den Namen des Buddha rezitiert?«, ist ein Koan.[4] Vielleicht erscheint es zunächst so, als wüsste ich, wer der Buddha ist, aber was ich bis jetzt nicht weiß, ist, wer ich bin. Doch wenn ich tatsächlich wüsste, wer der Buddha war, dann wüsste ich auch, wer ich bin.

Ich habe den Buddha gesucht. Und ich habe mich gesucht.

Erst jetzt, da ich mit der Suche aufhöre, beginne ich zu erkennen.

Zurück zum Jetzt

Wo habe ich nach dem Buddha Ausschau gehalten? Wo nach mir selbst? Irgendwo in der Vergangenheit? In der Zukunft? Doch die Vergangenheit ist bereits vergangen, und die Zukunft ist noch nicht da. Vergangenheit und Zukunft sind Illusionen. Sie sind nur Ideen. Nur die Gegenwart ist wirklich. Nur das Jetzt ist wirklich. Darum muss ich zum Jetzt zurückkehren, wenn ich wirklich den Buddha und wirklich mich selbst sehen will.

Wir können nur dann wirklich sehen, wenn wir
zum Jetzt zurückkehren.
Es ist so einfach.

Das Jetzt ist der einzige Augenblick, in dem du das finden kannst, was du gesucht hast. Du hast Nirvana gesucht. Du hast Gott gesucht. Du hast Erleuchtung, Erwachen gesucht. Du hast das Reine Land gesucht und deine wahre Natur von Nicht-Geburt und Nicht-Tod.

Alles, was du gesucht hast, ist im
gegenwärtigen Moment bereits da.
Und das Geheimnis, es zu finden, liegt darin,
zum Jetzt zurückzukehren.

only now
do i see

Nur jetzt sehe ich

Nur jetzt sehe ich ist eine Zeile aus *Die Geschichte der Kiều* von Nguyễn Du, dem bekanntesten epischen Gedicht Vietnams. Wörtlich kann sie übersetzt werden als: *Im Jetzt ankommend, sehe ich das Hier.* Nur im Jetzt kannst du das Hier sehen.

Das *Hier* repräsentiert Raum, und das *Jetzt* repräsentiert Zeit. Das Jetzt begegnet dem Hier. Ist es möglich, das Hier vom Jetzt zu trennen? Ist es möglich, den Raum aus der Zeit zu entfernen? Sind sie verschiedene Dinge oder sind sie das Gleiche?

> *Nur jetzt sehe ich, was da vor mir ist.*
> *Doch von Beginn an hat mein Herz die künftigen Tage ganz klar gesehen.*[5]

Kiều spricht hier zu dem aufständischen Krieger Từ Hải, ihrer großen Liebe, als er zu ihr zurückkehrt, nachdem er als Kommandant eines gewaltigen neuen Heeres ein langes Jahr unterwegs gewesen war.

Er ist nun ein mächtiger, wohlhabender Mann, ein Rebellenkönig. Das überrascht Kiều nicht. Sie kann nicht erst jetzt sehen, wer er wirklich ist; nein, schon bei ihrer ersten Begegnung konnte sie seine Größe und seine heldenhafte Zukunft erkennen. »Als ich dich zum ersten Mal sah, wusste ich bereits, dass du ein König warst. Ich musste dich nicht mit hunderttausend Soldaten unter deinem Kommando sehen, um wirklich zu wissen, wer du warst. Ich konnte sie in deiner Zukunft sehen, und ich war mir dessen, was ich sah, sicher.«

Es ist offenkundig, dass du die Zukunft sehen kannst, wenn du tief in das Jetzt hineinschaust. Darum sind das *Jetzt* und das *Hier* so wichtig. Schaust du tief in das *Hier* und das *Jetzt*, kannst du alle zehn Richtungen sehen, ebenso Vergangenheit, Gegenwart und Zukunft. Die zehn Richtungen *sind* die drei Zeiten. Der Dichter erkannte, dass wir zum *Jetzt* zurückkehren müssen, um das *Hier* zu sehen, und dass uns das Zurückkehren zum *Hier* erlaubt, das *Jetzt* zu sehen. Im Jetzt ankommend, sehe ich das Hier. Ist das nicht wirklich wundervoll?

現法

Die Zeit selbst

現法, *hiện pháp* in Vietnamesisch oder *drstādharma* in Sanskrit bedeutet »das, was jetzt gesehen wird«. Das, was jetzt gesehen wird, ist die *Zeit selbst*. Das, was gesehen wird, ist der gegenwärtige Moment – es ist das Jetzt.

Was du siehst, bist du selbst.

Das Leben selbst

Was siehst du? Zunächst einmal deinen Körper, dieses Wunder, das wir noch nicht einmal zu ermessen begonnen haben: diese beiden strahlenden Augen, imstande Mond und Sterne zu erblicken; diese beiden Beine, noch immer kräftig genug, einen Berg zu erklimmen.

Wie viele solcher Wunder hast du bis jetzt nicht wirklich gesehen?

Du weißt, du hast einen Körper, doch wenn du stundenlang am Computer sitzt, hast du am Ende vollkommen vergessen, dass du einen Körper hast.

Wenn du dich daran erinnerst, achtsam ein- und auszuatmen, kommt dein Geist zurück zu deinem Körper, zurück zum gegenwärtigen Moment, zurück in das Jetzt. Im gegenwärtigen Moment begegnest du als Erstes deinem Körper. Bist du mit deinem Körper in Berührung, siehst du die Geschichte des Lebens, du siehst in dir deine Eltern und deine Vorfahren, nicht nur deine menschlichen Vorfahren, sondern auch die tierischen, pflanzlichen und mineralischen Vorfahren. Sie sind in jeder Zelle deines Körpers ganz lebendig und vollständig da. Du kannst in dir auch deine spirituellen Vorfahren sehen. Du kannst Mutter Erde und Vater Sonne in dir sehen.

Wenn du deinen Körper eingehend betrachtest,
wirst du entdecken,
dass du kein getrenntes Selbst bist,
das von allem anderen abgeschnitten ist,
sondern ein fortwährend fließender Strom –
der Lebensstrom selbst.

Dein Körper umfasst den ganzen Kosmos

Eine Welt in einem Sandkorn sehen
und einen Himmel in einer Feldblume
birgt Unendlichkeit in deiner Handfläche
und Ewigkeit in einer Stunde.[6]

Das Eine umfasst alles. Dein Körper kann dir alles, was es über den Kosmos, den grenzenlosen Raum und die endlose Zeit zu wissen gibt, erzählen. Du wirst sehen, dass das *Hier* auch das *Dort* ist, dass das *Jetzt* die Spanne der Ewigkeit in sich trägt; dies schließt Vergangenheit und Zukunft mit ein. Die Ewigkeit kann in jedem Moment berührt werden. Sowohl Sonne als auch Mond, alle Sterne und Schwarzen Löcher können es sich in einem winzigen Sandkorn gemütlich machen.

Der ganze Kosmos kann mit der
Stimme einer Feldblume zu uns singen.

Einander im Jetzt finden

Im Jetzt sehen wir einander klar und deutlich.
Wird außerhalb dieses Momentes alles nur
als ein Traum in Erinnerung bleiben?[7]

Als sie einander zum ersten Mal sehen, verlieben sich Kiều und der gutaussehende Gelehrte Kim Trọng unsterblich ineinander, doch die Sitten und Gebräuche der vom Konfuzianismus geprägten Gesellschaft jener Zeit machen es ihnen sehr schwer, sich zu treffen. Kim Trọng zieht in ein nahegelegenes Haus, und sie verabreden, sich im Geheimen zu sehen, wenn Kiều s Familie ausgegangen ist. Sie können einen einzigen magischen Nachmittag miteinander verbringen. Kiều kehrt vor der Dunkelheit nach Hause zurück, bevor ihre Familie ihre Abwesenheit bemerken kann. Da ihre Familie noch gar nicht wieder heimgekommen ist, kann sie der Versuchung nicht widerstehen, zu Kim Trọng zurückzukehren, um noch etwas länger mit ihm zusammen zu sein. Im Licht des aufsteigenden Mondes schleicht sie sich ein weiteres Mal fort, und Kim Trọng erwacht vom Geräusch ihrer Schritte auf dem Kiesweg. Schlaftrunken und etwas verwirrt fragt er, ob er träume oder sie wirklich zurückgekommen sei. Kiều's Antwort zeugt von ihrer tiefen Einsicht. »In diesem Augenblick sehe ich dich und du siehst mich«, sagt sie, »doch wer weiß, ob alles außerhalb dieses Momentes nicht nur ein Traum sein wird.«

Nur im Hier und Jetzt haben wir die Möglichkeit, einander klar und deutlich zu sehen. Außerhalb des Jetzt gibt es nur Vorstellung, Trugbilder. Das Jetzt birgt in sich selbst wahres Leben, zusammen mit all seinen Wundern. Dein Liebster, deine Liebste ist eines dieser Wunder. Nur im Rahmen des Jetzt kannst du die Gegenwart deines Liebsten, deiner Liebsten erkennen.

Besitzt du das Jetzt? Wenn du das Jetzt nicht hast, wie kannst du dann lieben? Darum muss dich jeder Atemzug und jeder Schritt, den du machst, zurück in das Jetzt führen. Wenn du das Jetzt nicht hast, hast du überhaupt nichts – nicht einmal dich selbst; alles ist dann nicht mehr als ein Traum und wird nie etwas anderes sein.

Nur im Jetzt können wir die Gegenwart des anderen erkennen. Außerhalb des Jetzt ist alles so wenig substanziell wie Rauch.

Als der Krieger Từ Hải zum ersten Mal mit Kiều zusammentraf, lud er sie ein, ganz nah zu ihm zu treten, damit sie ihn deutlich und klar sehen könne.

Komm her, komm ganz nah und schau noch einmal.[8]

Es ist wahr, dass wir direkt in das Herz dieses Augenblicks schauen müssen, wenn wir einander klar und deutlich sehen wollen. Kiều sah hin, und sie war imstande, sehr tief zu schauen. Sie konnte die Drachen und die Wolken in Từ Hải Zukunft sehen.[9] Sie konnte sein großes Herz und seine größte Sehnsucht erkennen. Hast du deine Liebste, deinen Liebsten wirklich gesehen? Hat deine Liebste, dein Liebster dich wirklich gesehen?

Wenn wir einander tief betrachten, können wir unsere größte Sehnsucht erkennen.[10]

Wenn wir unsere größte Sehnsucht verstehen,
werden wir Seelengefährten.

now and
when?

Dieser Moment ist jetzt

Das Jetzt kann der wunderschönste Moment sein. So schön, dass du kaum glauben kannst, dass er real ist.

Die Wirklichkeit ist, wie sie ist. Der gegenwärtige Moment ist schöner als jeder Traum. Dieser Moment ist kein Traum. Dies ist die Wirklichkeit. Zwick dich – tut das nicht weh? Du träumst nicht. Du bist ganz wach. Du hast so viele Träume gehabt, doch kein Traum ist so schön wie die Wirklichkeit, die sich im Hier und Jetzt vor dir entfaltet.

Mutter Erde ist eine Bodhisattva von grenzenloser Schönheit. Mutter Erde war nie so schön, wie sie es jetzt ist. Vielleicht fühlen wir uns inspiriert, ihr zu Ehren Gedicht um Gedicht zu schreiben. Jede ihrer vier Jahreszeiten ist schön. Doch kein Dichter, keine Malerin, kein Komponist, keine Architektin, kein Mathematiker ist so begabt wie Mutter Erde selbst. Mutter Erde ist die Mutter aller Buddhas und Bodhisattvas. Sie ist die Mutter aller Heiligen und heiligen Menschen. Ein weißer

Kranich, ein klarer Bach, ein blühender Kirschbaum, eine ruhige mondhelle Nacht, ein mächtiger schneebedeckter Gipfel – sie alle bezeugen ihre Herrlichkeit.

Mutter Erde hat dich lebendig gemacht, und sie ist du. Du bist so schön wie sie, denn du bist sie. Deine Natur ist ihre Natur – die Natur von Keine-Geburt, Kein-Tod, Kein-Kommen, Kein-Gehen, Kein-Sein, Kein-Nichtsein, Keine-Gleichheit, Keine-Verschiedenheit. Du bist die grüne Weide, du bist die gelbe Chrysantheme, du bist die rote Rose, du bist der violette Bambus, der sich im Wind wiegt.

Du bist eingeladen, zurück ins Jetzt zu kommen, und du wirst mit ihr in Berührung sein. In genau diesem Moment wirst du alles finden, was du jemals gesucht hast.

Das Jetzt umarmt alle Wenns
und alle »Hätte-sein-Können«.

Voller Ehrfurcht erkenne ich, dass der lang erwartete Augenblick jetzt ist.
Ich sehe alles klar vor mir, doch argwöhne immer noch, es sei ein Traum.[11]

Nach fünfzehn Jahren der Trennung findet Kiều Familie sie schließlich wieder; es waren fünfzehn Jahre unbeschreiblichen Leidens und unermesslicher Verzweiflung. Kiều wurde weit fort aus ihrer Heimat verschleppt, und außerstande, zurückzukehren, hatte sie alle Hoffnung aufgegeben, ihre Familie jemals wiederzusehen. Sie traut ihren Augen nicht, als die Familie plötzlich auftaucht. Kiều kann nicht glauben, dass der Moment, den sie so lange erträumt hat, nun da ist, jetzt.

Jeder Moment ist so, wenn wir ihn klar sehen können. Du entdeckst, dass der gegenwärtige Moment, dieses Jetzt, schöner ist als alles, was du dir je hast vorstellen können. Du zweifelst, dass es real ist, weil es so unglaublich schön ist, du meinst, du träumst das alles. Wonach suchst du noch? Was willst du mehr erreichen? Du bist bereits das, was du werden willst. Du hast bereits alles, was du brauchst, um glücklich zu sein.

Es gibt keinen Weg ins Reine Land, das Reine Land ist der Weg. Es gibt keinen Weg ins Reich Gottes, das Reich Gottes ist der Weg. Das Reine Land und das Reich Gottes sind bei jedem Schritt verfügbar.

Es gibt kein Reines Land, es gibt kein Reich Gottes außerhalb des Jetzt.

Nur wenn …

Mein Lieber, suche das Glück nicht in der Zukunft. Warte nicht auf jenen Tag, warte nicht auf eine entfernte Zukunft, und *dann* … Sage nicht, dass das Glück nur dann möglich sei, wenn du dieses oder jenes hast. Wonach hältst du Ausschau? Worauf wartest du? Ist es Ruhm? Ist es Reichtum? Ist es Macht? Ist es Sex? Oder ist es einfach Ablenkung von der inneren Leere? Glaube nicht, dass du wirklich nur dann glücklich sein wirst, wenn du diese Dinge erreicht hast. Warte nicht auf *dann*.

Schau dich um. Es gibt viele Menschen, die über all diese Dinge verfügen, doch sie haben keinen Frieden in ihrem Geist, sind nicht glücklich. Sie haben nie das Gefühl, genug zu haben, denn die Quelle des Begehrens ist unversiegbar. Sind wir durstig, essen aber weiterhin Salz, wird unser Durst nur zunehmen. Wir müssen die Praxis von »So wenig Verlangen wie möglich« und von »Ich habe genug« kennen. Wenn wir verstehen, dass wir genau in diesem Moment *bereits genug haben*, ist unser Durst gestillt, unser Verlangen zur Ruhe gekommen und wahres Glück wird möglich.

In der *Geschichte der Kiều* bekennt der tapfere Krieger Từ Hải Kiều einmal, obgleich er sie sehr liebe, spüre er, dass sie nicht für immer in Ruhe zusammenleben könnten. »Jetzt haben wir nur einander«, sagt er, »ich habe mir noch keinen Namen gemacht, ich habe noch nicht mein Glück gemacht. Ich muss mich in der Welt beweisen, um etwas wirklich Großes zu erreichen. Nur wenn hunderttausend Mann unter meinem Kommando stehen und ich dich zu Hause als meine Königin willkommen heißen kann, nur dann werde ich wirklich glücklich sein.«

Wegen dieses *Nur wenn* entscheidet sich Từ Hải, Kiều für ein ganzes Jahr zu verlassen. Sie fleht ihn an, sie auf seiner Reise mitzunehmen, doch er lehnt das ab.

Wenn ich hunderttausend Mann habe,
Wenn Trommeln und Flaggen die Erde beben lassen, den Himmel verdunkeln,
Wenn alle meine Größe anerkennen,
Nur dann werde ich dich wieder an meiner Seite empfangen.[12]

Unsere Lieben sind da. Sie sind unser Partner, unsere Freundin, unser Kind oder unsere Eltern. Und doch haben wir das Gefühl, es sei nicht genug, einfach zusammen zu sein, wir bräuchten mehr. Wir spüren das Bedürfnis, uns auf die Suche nach Erfolg, Errungenschaften, mehr Geld oder höherem Status zu begeben, um dann all dies unseren Lieben darzubringen, damit sie glücklich sind, damit sie stolz auf uns sind, weil wir uns ihre Liebe verdienen wollen. Das *Dann* wird die Vorbedingung für das *Jetzt*.

Viele von uns denken, nur wenn wir dieses oder jenes hätten, nur wenn sich die Situation änderte, nur *dann* könnten wir glücklich sein. Wir erkennen unser Glück im *Jetzt* nicht, und wir suchen es im *Dann*. Wir haben die Vorstellung, dass das Glück in zukünftigen Momenten liege. Wir sagen einander: »Wir müssen warten, mein Liebster, und *dann* … Und während wir damit beschäftigt sind, dieses *Dann* zustandezubringen, lassen wir unsere Lieben im *Jetzt* im Stich. Wir opfern das *Jetzt*, das so kostbar ist, für das *Dann*, das niemals eintritt.

Das Dann gehört immer zur Zukunft.
Es ist eine Illusion, die nie Wirklichkeit werden kann.

In dieselbe Richtung schauen

Jemand sagte, einander zu lieben bedeute nicht, einfach dazusitzen und einander anzuschauen, sondern es bedeute, in dieselbe Richtung zu schauen.[13] Ist das wahr? Wenn wir beide in dieselbe Richtung schauen, welche ist es dann? Ist es die, in der Macht, Ruhm und Wohlstand liegen? Das würde bedeuten, dass unsere Liebe allein uns nicht zufriedenstellt – unsere Liebe reicht uns nicht, um glücklich zu sein. Wenn es die Richtung ist, in der der Fernseher steht, ist das eine wirkliche Tragödie.

Am Anfang unserer Liebe mussten wir einander nur anschauen, um glücklich zu sein. Wenn wir uns jetzt ansehen, sind wir nicht mehr glücklich, denn wir haben einander viele Male verletzt. Durch das Fernsehen verdecken wir nur das Leiden und die Einsamkeit, die jeder von uns innerlich spürt.

Wenn die Richtung, in die wir schauen, die Richtung unserer Ideale ist, die Richtung unserer tiefsten Wünsche, was ist dann unser Bestreben? Natürlich sind es nicht Ruhm oder Wohlstand – denn das sind keine wirklichen Ideale. Und doch versteckt sich oft in gut erscheinenden Idealen ein tiefes Verlangen nach Ruhm oder Gewinn. Wir täuschen uns selbst; wir täuschen andere. Wir täuschen uns selbst mit dem Guten, dem Wahren, dem Großartigen, mit Gerechtigkeit, Gleichheit, Brüderlichkeit, mit Humanismus oder Sozialismus.

Warum spüren wir keinen Frieden, wenn wir nur dasitzen und einander anschauen? Betrachten wir einander, entdecken wir die Wunder des jeweils anderen und wir lernen einander wertzuschätzen. Betrachten wir einander, entdecken wir die Wunder des Hier und des Jetzt. Betrachten wir einander, können wir die Sorgen und die Sehnsüchte des anderen Menschen sehen, ebenso seine Ängste, sein Leiden, seine Einsamkeit. Erkennen und verstehen wir den Schmerz und das Leiden in uns und im anderen, werden Verstehen und Mitgefühl in uns zu wachsen beginnen. Diese Energien haben die Kraft, uns zu heilen und zu transformieren. Das ist das Geheimnis, wie wir unsere Liebe nähren können.

Wenn wir die Welt betrachten, erkennen wir, dass nichts ohne Nahrung überleben kann. Das gilt auch für die Liebe. Wie großartig und schön unsere Liebe auch immer sein mag, sie ist unbeständig. Wir müssen lernen, sie mit der Energie des Verstehens und des Mitgefühls zu nähren. Nur wenn wir wissen, wie wir einander tief betrachten und wie wir tief in uns selbst hineinschauen können, sind wir imstande, diese beiden kostbaren Energien zu erzeugen.

Wenn wir unsere Liebe zu nähren wissen, können wir uns selbst und die, die um uns sind, heilen. Wächst unsere Liebe, schließt sie ganz natürlich mehr und mehr mit ein. Ist deine Liebe wahre Liebe, wird sie größer werden, bis sie alle Menschen und alle Wesen umfasst. Deine Liebe wird zu einem Fluss, weit genug, um nicht nur dich und deinen Liebsten, deine Liebste zu nähren, sondern die ganze Welt. Das ist eine Liebe ohne Begrenzungen, ein Herz ohne Grenze und ohne diskriminierende Unterscheidungen. Es ist grenzenloses Mitgefühl, grenzenlose liebende Güte. Diese Liebe erfreut alle. Nichts und niemand ist von dieser Liebe ausgeschlossen – diese grenzenlose Liebe schließt alles mit ein.

Eine Liebe, die nicht mehr wächst, ist eine Liebe, die bereits zu sterben begonnen hat. Darum sollten wir einander tief betrachten – damit unsere Liebe wachsen kann. Betrachten wir das Leiden unseres Liebsten, unserer Liebsten, erkennen wir das Leiden aller Lebewesen, und unser Mitgefühl wird größer werden. Unser Mitgefühl wird so machtvoll sein wie ein Donner, und unsere liebende Güte wird wie der Regen – erfrischende Tropfen, die zum Herzen aller Wesen vordringen können. Eine Wolke mag sehr zart und weich erscheinen, doch sie kann machtvollen Donner erzeugen.

Wahre Liebe ist niemals schwach.
Großes Mitgefühl ist auch großer Mut.

樂住

Friedvoll verweilen

Wenn du innerlich unruhig bist, wenn du nicht friedvoll und stabil zu sitzen vermagst, liegt das an deiner fehlenden Verankerung im Jetzt. Rastlosigkeit ist die Krankheit unserer Zeit, und je mehr wir die innere Leere durch das Konsumieren von Dingen füllen wollen – sei es durch Essen und Trinken, Filme, Websites, Bücher oder Spiele –, desto größer wird diese Leere und desto unruhiger werden wir. Wir sollten einander daran erinnern, dass das Jetzt das Einzige ist, was stabil und wirklich real ist.

Das Jetzt ist ein bemerkenswerter, faszinierender und großartiger Ort – es ist die Grundlage für Zeit und Raum.

Alles, was du tun musst, ist deine Aufmerksamkeit auf dein Einatmen und dein Ausatmen zu richten, sie zu erkennen und ihnen zuzulächeln. Dir deines Einatmens gewahr zu sein bedeutet, dass du wirklich da bist. Dein Dasein ist ein Wunder. Wenn du auf diese Weise atmest, bringst du deinen Geist zurück zu deinem Körper und bist wirklich ganz im Jetzt. Wertschätzt du diesen Moment, lebst du in Frieden und Freiheit. Jeder Atemzug ist ein Wunder. Jeder Atemzug hat die Macht, zu nähren und zu heilen.

Friedvoll atmend, in Frieden und Freiheit lebend, erkennst du dich selbst als der wundersame *Dharmakaya*, als Geliebte/r des Kosmos.[14] Du erkennst dich selbst als Mutter Erde und Vater Sonne.

Im Jetzt gehen

Wenn du beim Gehen gehetzt und unzufrieden bist, deine Schritte keine Festigkeit haben, liegt das daran, dass du immer noch nach etwas Vergangenem oder Zukünftigem suchst. Dir ist nicht bewusst, dass das, was du suchst, bereits da ist, im gegenwärtigen Moment. Wenn dich jeder deiner Schritte zurück in die Gegenwart bringt, dann wird dieser Schritt so stabil sein wie die Mutter Erde selbst. Ein solcher Schritt ist wie das Erblühen einer Lotosblume unter deinen Füßen. Du gehst in Freiheit, Frieden und Zufriedenheit. Dank deiner Fähigkeit, friedvoll im Jetzt zu weilen, wirst du zu einem der schönsten Menschen auf der Erde.

Du musst nach nichts anderem schauen, denn du selbst bist das Ziel all deiner Suche. Solange du das noch nicht erkannt hast, mag alles um dich herum friedvoll und sicher sein, du aber wirst dich nicht sicher und entspannt fühlen. Den schönen schweigenden Mond betrachtend, fragst du dich, warum dein Herz noch immer nicht in Frieden ist.

Manche Menschen besitzen etwas sehr Besonderes: Sie tragen das Jetzt in ihrem Herzen. Wenn wir einer solchen Person nah sind, fühlen wir selbst uns friedvoll. Sie strahlt eine friedvolle Energie aus, die uns tief durchdringt. Wann immer wir die Möglichkeit haben, neben ihr zu gehen, können wir diese feine Quelle von Frieden und Freude spüren. Ihre Schritte sind friedvoll und frei, und das unterstützt uns, ebenfalls friedvoll und frei zu gehen.

Auch du kannst so gehen. Geh, als müsstest du nirgends hingelangen – als kämest du mit jedem Schritt an. Jeder Schritt kann dich zurück zu der Insel in dir selbst bringen – zurück zum wundervollen gegenwärtigen Moment, zurück zum Jetzt.

Gehen wir auf diese Weise zusammen, fühlen wir uns wie Wassertropfen in einem weiten, sanft dahinströmenden Fluss. Der Wassertropfen muss nichts tun. Der Tropfen wird vom Fluss umfasst und zum Ozean des gegenwärtigen Momentes befördert.

Wolken trinken

Jedes Mal, wenn du Tee trinkst, hast du eine Ewigkeit zur Verfügung, um das Teetrinken zu genießen. Die Wolken hören auf dahinzuziehen, der Wind hält inne in seinem Wehen, und die Zeit steht still. Die Wolken sind in deinem Tee gegenwärtig. Der Wind ist da in deinem Tee. Auch ich bin in deinem Tee.

Trink den Tee, als würdest du Wolken trinken.

long have
i sought

Wonach suchst du?

Als ich weit unter dem Meer eine Nadel suchte,
Ging es mir da um das wahre Gold der Liebe oder nur um die launischen Blumen, den unbeständigen Mond der Lust?[15]

Mein Lieber, du hast etwas gesucht. So lange vergeblich gesucht. Als hättest du am Grunde des Ozeans nach einer Nadel gesucht. Wonach hast du Ausschau gehalten? Hast du dich nur nach einer weiteren flüchtigen Illusion von Glück umgesehen – oder hast du nach wahrer Liebe gesucht? Ja, die Liebe, nach der du Ausschau hältst, ist die Liebe aus festem Gestein und aus Gold – wahre Liebe –, nicht bloße Lust und Sinnesfreuden. Was ist wahre Liebe?

Wo kannst du sie finden? Vermagst du Verstehen und Liebe in dir selbst zu finden? Brauchst du wirklich jemand anderen, um dich geliebt und verstanden zu fühlen? Wenn es dir so an Liebe und Verstehen mangelt, wird es dann einem anderen gelingen, dich zu verstehen und zu lieben?

Wenn du dich selbst nicht verstehen, wenn du dich selbst nicht lieben kannst, wie willst du dann jemals eine andere Person verstehen und lieben können? Und wie willst du dann jemals einer anderen Person erlauben, dich zu lieben?

Nach Jahren der Suche findet Kim Trọng schließlich seine wahre Liebe Kiều weit von zu Hause entfernt. Fünfzehn Jahre sind seit jenem magischen Tag vergangen, als sie einander im Licht des Mondes ewige Liebe schworen. Kiều wurde davor bewahrt, sich das Leben zu nehmen, und war nun eine Nonne. Auch wenn sie so sehr gelitten hatte, vermochte sie aus ihrem Leiden viel zu lernen und hatte nun ein tieferes Verständnis von Leben und Tod als der Gelehrte Kim Trọng. Nachdem Kiều mittlerweile alle Hoffnung auf eine Wiedervereinigung aufgegeben hatte, ist ihre Freude nun unermesslich. Doch der Frieden und die Reinheit, die sie jetzt erlangt hat, sind ihr so kostbar, dass sie darauf beharrt, ihre Liebe so rein und unbefleckt zu bewahren wie in jener mondhellen Nacht. Sie vermag Kim Trọng zu der Erkenntnis zu verhelfen, dass seine Liebe all die Jahre vergeblicher Suche nicht wegen der flüchtigen körperlichen Leidenschaft überdauern konnte, sondern weil es da etwas viel Tieferes und Kostbareres gab – das beständige Gold wahrer Liebe.

Das magische Fernglas

Um deine wahre Liebe zu erkennen, brauchst du ein magisches Fernglas. Damit wirst du deine Seelenverwandte erkennen können. Ohne ein solches Fernglas wärest du nicht imstande, deinen Seelenfreund zu erkennen, selbst wenn er direkt vor dir säße.

Dieses magische Fernglas ist etwas, das du durch dein *kung fu*, deine täglichen Praxis, selbst herstellst. Du musst dir selbst zuhören. Du musst dein inneres Leiden erkennen – und sehen, auf welche Weise es das Leiden deines Vaters, deiner Mutter, deiner Vorfahren, deines Volkes in sich trägt. Wenn du dein inneres Leiden zu verstehen beginnst, wird in deinem Herzen die Energie des Mitgefühls geboren. Sie wird dir Ruhe schenken und dich heilen. Du wirst dich leicht und friedvoll fühlen.

Wahre Liebe hat die Macht, zu heilen und zu transformieren.

Dein Leiden umarmend und ihm zuhörend,
wirst du beginnen, es zu verstehen.

Du wirst die Wurzeln deiner Angst und Sorgen finden und deinen tiefsten Wunsch erkennen. Du wirst dich selbst klarer sehen, dich besser verstehen, und du wirst deine eigene wahre Liebe werden. Das magische Fernglas erlaubt es dir, deine Geliebte, deinen Seelenfreund zu erkennen, nach denen du immer schon gesucht hast.

das
ist
es

Das ist es

So lange habe ich diesen Tag ersehnt.[16]

Die Gelegenheit, auf die du so lange gewartet hast, ist genau hier im gegenwärtigen Moment. Jeder Schritt ist diese Gelegenheit; jeder Atemzug ist diese Gelegenheit – eine Gelegenheit für dich, zum Jetzt zurückzukehren und aufzuhören mit deinem endlosen Umherschweifen und *Warten, dass der Tag komme möge.*

Der Tag, auf den du gewartet hast, ist heute;
der Moment, auf den du gewartet hast,
ist genau dieser Moment.

Du musst den Schleier von Zeit und Raum durchschneiden, um in das Hier und Jetzt zu kommen.

Wie auch immer deine Lebensumstände sein mögen, es gibt diese Gelegenheit für dich. Im Jetzt wirst du finden, was du immer gesucht hast.

Heaven yet
preserves
for us
this day

Wir haben immer noch das Jetzt

Bitte sage nicht, dieser Moment sei vergangen und es sei nun zu spät. Vielleicht hat es in der Vergangenheit Schwierigkeiten und Probleme zwischen dir und deiner Liebsten, deinem Liebsten gegeben, entzweiende Worte, falsch verstandene Wahrnehmungen. Ihr seid nicht fähig gewesen, einander klar zu sehen und euch in eurer wahren Präsenz zu erkennen. Diese Hindernisse sind die Wolken, die den Mond verbergen, der Dunst, der die Blumen verhüllt. Du glaubst, dass alles zerbrochen ist – dass der Mond verblasst ist, die Blumen verwelkt sind und ihr einander verloren habt.

Doch in diesem Augenblick wirst du mit der Energie der Achtsamkeit und Konzentration alle Missverständnisse bereinigen und Wut, Trauer und Misstrauen vergangener Tage beiseiteräumen können. Diese Arbeit muss genau in diesem Moment, muss heute getan werden. Du bist immer noch lebendig! Schätze die Tatsache, dass du lebendig bist. Erlaube nicht deinen Kümmernissen, deiner Gier, deiner Wut und Verzweiflung, dich zu überwältigen.

Lebe den Moment, den das Leben dir bietet. Setz dich still hin und meditiere, um tief zu schauen und die Vorurteile, Mutmaßungen und falschen Wahrnehmungen aus der Vergangenheit hinwegzufegen. Teile die Wolken und enthülle den strahlend hellen Mond am weiten Himmel; löse den Dunst auf, um die leuchtenden Blumen und die frischen neuen Knospen zu entdecken.

Ihr habt einander immer noch. Nichts ist gestorben, nichts ist verloren. Denn das Jetzt ist noch immer mit uns – das Heute ist noch immer da. Der Mond wird noch strahlender sein als zuvor, die Blumen frischer als vorher, denn jetzt weißt du, wie du den Schleier von Dunst und Nebel am Tor durchtrennst und die Wolken aufhältst, um den weiten offenen Himmel zu enthüllen. Das Leben ist immer noch da, und es wartet auf uns genau an diesem Tag, mehr als jemals zuvor.

Dieser Tag heute ist alles.

Der Himmel bewahrt für uns diesen Tag.

Der Dunst löst sich ab vom Tor,

die Wolken rollen in den Himmel empor.

Die Blumen, einst verdorrt, sind jetzt frischer,

der verblasste Mond jetzt heller noch als die Monde jemals zuvor.[17]

not a creation
but a
manifestation

Intersein

Liebster, du bist nichts, was geschaffen wurde – du bist nicht aus dem Bereich des Nichtseins in den Bereich des Seins gelangt. Du bist eine wundervolle Manifestation wie eine hellviolette Wolke an der Spitze eines Berges oder eine geheimnisvolle mondhelle Nacht. Du bist ein fließender Strom, die Fortführung so vieler Wunder. Du bist kein getrenntes Selbst. Du bist du selbst, und du bist auch ich. Du kannst die hellviolette Wolke nicht aus meinem wohlduftenden Morgentee herausnehmen. Und ich kann meinen Tee nicht ohne meine Wolke trinken.

Ich bin in dir, und du bist in mir. Wenn wir mich aus dir entfernen würden, würdest du dich nicht so manifestieren können, wie du dich jetzt zeigst. Wenn wir dich aus mir entfernen würden, würde ich mich nicht so manifestieren können, wie ich mich jetzt zeige. Wir können uns nicht ohne einander manifestieren. Wir müssen aufeinander warten, um uns gemeinsam offenbaren zu können.

Im Alten Testament heißt es, dass Gott den Befehl gab: »Es werde Licht!«
Ich stelle mir vor, dass das Licht geantwortet hat: »Aber ich muss warten, Herr.«
»Worauf wartest du?«, fragte Gott.
»Ich warte auf die Dunkelheit, damit wir uns gemeinsam zeigen können.«
»Doch die Dunkelheit ist bereits da«, sagte Gott.
»In dem Fall«, sprach das Licht, »bin auch ich bereits da.«

Wir können nicht existieren, wir können nicht nur aus uns selbst heraus *sein*. Wir können nur *inter-sein*, wechselseitig miteinander verbunden und abhängig voneinander, so wie rechts und links, oben und unten, Gut und Böse, Schöpfer und Geschaffenes. Liebende und Geliebte sind von derselben Natur, sie manifestieren sich zur selben Zeit. Es kann keinen Liebenden geben, wenn es niemanden gibt, der oder die zu lieben wäre. Du kannst die eine nicht aus dem anderen entfernen, so wie du auch nicht links aus rechts nehmen kannst, das Innere aus dem Äußeren. Beide, Liebender und Geliebter, sind ihrer Natur nach leer.

Eine Blume besteht nur aus Nicht-Blume-Elementen. Ein Buddha besteht nur aus Nicht-Buddha-Elementen. Die Person, die sich verbeugt, und die, vor der sich verbeugt wird, enthalten einander.[18] Darum solltest du, mein Geliebter, wissen, dass dein liebster Mensch bereits in dir ist. Du solltest nicht versuchen, außerhalb von dir nach ihm Ausschau zu halten. Du bist leer, deshalb ist Liebe überhaupt möglich. Wenn es keine Leerheit gibt, dann gibt es gar nichts.

Nur dank der Leerheit kann sich alles manifestieren.
Die Natur eines Selbst ist eine Illusion.

Der glücklichste Moment deines Lebens

Ist der glücklichste Moment deines Lebens bereits gekommen? Wenn der erfüllendste, erhebendste, begeisterndste Moment sich bereits einmal ereignet hat, kann dies viele Male geschehen. Doch wie können wir dazu beitragen, dass dieser Moment häufiger da ist, und besonders dann, wenn wir es wollen? Wenn sich dieser Moment in den letzten dreißig Jahren nicht eingestellt hat, ist es auch nicht wahrscheinlich, dass dies in den nächsten dreißig Jahren geschieht, vielleicht geschieht es nie. Träume nicht nur davon. Das Geheimnis liegt darin, diesen Moment selbst zu schaffen. Wann? Genau jetzt in diesem Moment.

Du musst *aufwachen!* Aufwachen zu den Wundern in dir und um dich herum. Wenn du weißt, wie, kann jeder Moment deines Lebens der glücklichste Moment deines Lebens sein.

Liebster, bitte komm und lehn dich mit deinen Armen auf das Fensterbrett. Schau hinaus. Siehst du die wundervolle Unermesslichkeit des Raumes vor dir? Siehst du den weiten blauen Ozean? Kannst du die Flügel der Möwen erkennen, wie sie mit dem Sonnenlicht spielen? Schaust du hinaus, siehst du die Unermesslichkeit; schaust du nach innen, siehst du ebenso diese Unermesslichkeit. Die innere Welt ist so grenzenlos weit wie die äußere. Tatsächlich überschreitet die Wirklichkeit Begriffe wie innen und außen. Dieses besondere Fenster ist überall – es ist in dir und in mir. Es hilft uns, die wundersame Welt von Keine-Geburt und Kein-Tod, Kein-Kommen und Kein-Gehen zu sehen.

there are times
i climb to the
mountain top

Auf der Spitze der Welt

Der Zen-Meister Không Lộ fand einen wundervollen Platz in den Bergen, wo er leben und sich Tag und Nacht an der Wildnis erfreuen konnte.[19] Es gab Zeiten, in denen er den Gipfel eines nahegelegenen Berges erklomm. Er stand dann allein dort oben und stieß einen gellenden Schrei aus.

Der ganze Kosmos antwortete auf diesen Schrei, und der Klang ließ den ganzen Kosmos erstarren. Es ist ein wundervoller Moment, ein vollkommen erfüllender Moment, ein völlig zufriedenstellender Moment. So kann jeder Moment sein, wenn du weißt, wie du das Jetzt berührst, wenn du die Zeit hast und die Gelegenheit ergreifst.

有時值上 高頂
長呌一聲寒太虛

Không Lộ hatte unbegrenzte Zeit und zahllose Gelegenheiten, denn er hatte das Jetzt. Jeder Moment war eine Gelegenheit.

Es gibt Zeiten, in denen klettere ich auf die Spitze des Berges und stoße einen Schrei aus, der den Kosmos erstarren lässt.[20]

Es gibt Zeiten … welche Zeiten? *Zeit sein* … welche Zeit?

Jeder Moment kann alle Momente sein;
jeder Moment ist eine Gelegenheit,
die darauf wartet, ergriffen zu werden.

Không Lộs Schrei hallt immer noch nach – er ist noch immer zu hören, jetzt und in alle Ewigkeit.

有時

古佛言

有時高高峯頂立、
有時深深海底行、
有時三頭八臂、
有時丈六八尺、
有時拄杖払子、
有時露柱灯籠、
有時張三李四、
有時大地虛空

Die Zeit ist zum Sein

Dōgen beginnt sein Gedicht »Sein-Zeit« mit diesen Zeilen:

Ein früherer Buddha sagte einst in Versform:

Es gibt eine Zeit, in der ich auf der Spitze eines hoch aufragenden Berggipfels stehe.

Es gibt eine Zeit, in der ich im tiefsten Abgrund des Ozeans wandle.

Es gibt eine Zeit, in der ich drei Köpfe und acht Arme habe.

Es gibt eine Zeit, in der ich einen goldenen Körper habe, acht oder sechzehn Fuß lang.

Es gibt eine Zeit, in der ich ein Mönchsstab oder ein Wedel bin.

Es gibt eine Zeit, in der ich eine Säule oder eine Steinlaterne bin.

Es gibt eine Zeit, in der ich ein gewisser Herr Dupont oder Herr Schmidt bin.

Es gibt eine Zeit, in der ich der weite Himmel und die große Erde bin.[21]

Being
time

Wer ist der alte Buddha, von dem Dōgen spricht? Und was bedeutet: »Es gibt eine Zeit«? Jede Zeile beginnt mit den Zeichen 有時, »Zeit sein« oder »Sein-Zeit«, was so viel bedeutet wie »es gibt eine Zeit« oder »es gibt Zeiten«.

Auf einem Berggipfel stehen und einen gellenden Schrei ausstoßen, der die Himmel erschüttert – das ist so wundervoll. Eine Gottheit mit drei Köpfen und acht Armen sein, wie man sie oft in der Hindu-Tradition sieht, kann genauso wunderbar sein. Und es ist großartig, ein Buddha mit einem sechzehn Fuß langen, goldenen Körper zu sein. Doch eine Säule und eine Laterne sein? Du oder ich sein oder ein gewisser Herr Dupont oder Herr Schmidt? Ja, das ist genauso wundervoll. Weil das Reich Gottes in der winzigsten Blüte, in einem Ochsenfrosch oder dem Schlamm, der den Lotos nährt, zu finden ist.

Sieht man sich selbst als den unermesslich weiten Himmel und die große Erde, erlangt man Nirvana, den Grund von Keine-Geburt und Kein-Tod.

Die Zeit ist zum Sein, ist dafür, alles zu sein.

Wenn du den Berg siehst, bist du der Berg, der Berg ist du. Der Berg ist Zeit. Der Berg ist das Jetzt. Im Sanskrit lautet das Wort für »jetzt« *drstādharma*, »das, was jetzt gesehen wird«.

Wenn du die große Erde siehst, bist du die große Erde. Die große Erde ist Zeit. Die große Erde ist das Jetzt.

Du kannst überhaupt nichts aus irgendetwas herausnehmen.

enjoying
space
outside of
space

Raum außerhalb von Raum

Zen-Meister Không Lộ und Zen-Meister Dōgen besitzen beide das Jetzt, und so haben sie auch das Hier. Sie erfreuen sich nicht einfach nur am Hier und Jetzt, sie selbst sind das Hier und Jetzt. Zeit, Raum, Materie und Bewusstsein sind keine eigenständigen, unabhängig voneinander existierenden Dinge.

Wenn du lernst, im Jetzt zu leben, erkennst du, dass dein Sein weder durch den Raum eines physischen Körpers noch durch die Zeit einer Lebensspanne begrenzt werden kann. Würde die Welt einer Person nur hundert Jahre betragen, dann könnte selbst der Himmel, der von Không Lộs Gipfel aus zu sehen ist, nicht weit genug sein. Doch wenn du auf tiefe Weise das Jetzt lebst, vermagst du dich selbst von der Zeit zu befreien und die Zeit außerhalb der Zeit und den Raum außerhalb des Raums zu erfahren.[22]

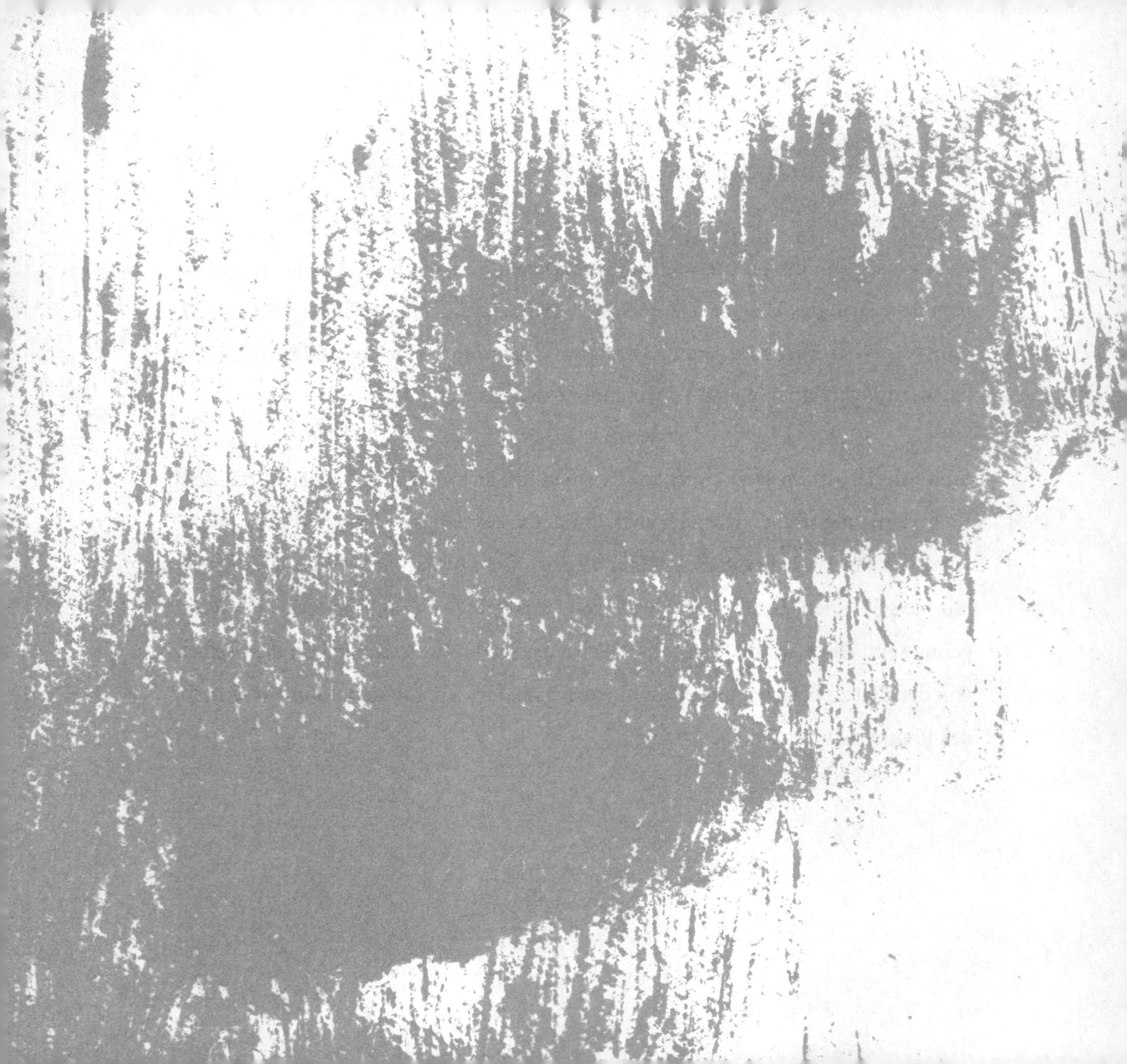

Chor

Ich werde nie erwachsen,
ganz gleich, wie lange ich lebe.
Gestern erst sah ich eine Schar
goldener Schmetterlinge
über unseren Garten flattern.
Die Senfstauden standen in gelber Blütenpracht.

Mutter und Schwester, ihr seid immer bei mir.
Die sanfte Brise am Nachmittag ist euer Atmen.
Ich träume nicht von einer fernen Zukunft.

Da bin ich wieder. Jemand singt.
Meine Hand berührt das alte Tor,
und ich frage: »Wie kann ich helfen?«
Der Wind antwortet:
»Lächle. Das Leben ist ein Wunder.
Sei eine Blume.
Glück wird nicht aus Stein erbaut.«

Das Haar meiner Mutter ist duftig frisch und lang.
Es berührt ihre Fersen.
Das Kleid meiner Schwester hängt draußen zum Trocknen,
es segelt im Wind
über unserem grünen Garten.

Es war ein Herbstmorgen,
eine leichte Brise wehte.
Ich stehe wirklich in unserem Garten –
die Guavenbäume, der Duft reifer Mangos,
die roten Ahornblätter huschen umher
wie kleine Kinder vor unseren Füßen.

Ein Lied erklingt vom anderen Flussufer.
Ballen von seidigem goldenem Heu
überqueren die Bambusbrücke.
Welch wundervoller Duft!

Wenn der Mond
über dem Bambusdickicht aufgeht,
spielen wir zusammen am Gartentor.

Ich träume nicht.
Dies ist ein wirklicher Tag
und ein schöner dazu.
Wollen wir in die Vergangenheit zurück
und Versteck, spielen?
Wir sind heute hier,
und wir werden es morgen sein.
Das ist wahr.
Komm, du bist durstig.
Wir laufen zusammen zur frischen Wasserquelle.

Die Chrysantheme lächelt dir zu.
Tauche deine Hand nicht in Zement und Sand.
Sterne bauen sich selbst kein Gefängnis.

Lass uns singen mit der Blume
und den Vögeln am Morgen.
Lass uns ganz da sein.
Ich weiß, du bist hier,
denn ich schaue dir in die Augen.

Und hole Mutter. Ich möchte sie sehen.
Ich werde für dich singen, liebe Schwester,
und deine Haare, sie wachsen
wie Mutters, so lang.[23]

Anmerkungen

Der Weg hinein

1 Das erste Pilot-Projekt der SYSS begann im Januar 1964. Es lebten dort die Ehrwürdige Nonne Tịnh Nguyện, die Novizin Nhất Trí, die Schwestern Trà Mi, Phương Thái, Phùng Thăng und Cao Ngọc Thanh und die Brüder Lê Khắc Tích und Tâm Quang. Von September 1964 an waren es Schwester Phượng und die Brüder Trần Tấn Trâm, Lê Thành Nguyên und Hồ văn Quyền. 1965 haben wir erstmals Studentinnen und Studenten aufgenommen, und im September begann das erste Semester bei der SYSS als ein Zweig des Van-Hanh-Instituts für Bildung.

2 *Die Geschichte der Kiều* gilt als Höhepunkt der vietnamesischen Literatur. Die im frühen 19. Jahrhundert geschriebene Geschichte ist allen Vietnamesen bekannt, einige können sie auswendig, und sie wird auch in ganz normalen Gesprächen oft zitiert. In 3254 Versen erzählt der Autor auf sehr lebendige Weise eine Geschichte von Liebe, Verhängnis und Tragik, die gleichzeitig ein beißender Kommentar zur turbulenten politischen Situation in Vietnam an der Wende des 18. Jahrhunderts darstellt. Das Gedicht ist voller Anspielungen und Bezüge auf die klassische chinesische Literatur und feiert gleichzeitig den Reichtum und die Tiefe der vietnamesischen Sprache in all der Unterschiedlichkeit, was Rhythmus und Klang angeht.
Kiều ist eine schöne, begabte junge Frau, die sich in den gutaussehenden Gelehrten Kim Trọng verliebt. Doch sie werden getrennt, kaum haben sie einander Treue geschworen, und sie ist gezwungen, sich durch eine Heirat an einen älteren Mann zu verkaufen, um ihre Familie vor der Vernichtung zu bewahren.
Sie entdeckt zu ihrem Entsetzen, dass sie reingelegt und mit einem Zuhälter verheiratet worden ist. Sie wird dann von einem recht willensschwachen jungen Mann aus dem Bordell gerettet, der sich leidenschaftlich in sie verliebt und ihr hilft, zu entkommen. Doch er ist bereits verheiratet, und seine Ehefrau will sich an Kiều rächen. Sie wird kurzzeitig Nonne, doch durch die Ränke der Ehefrau wird sie schließlich erneut zur Prostitution gezwungen. Sie kommt erst frei, als der junge Held Từ Hải in ihr eine Seelenverwandte erkennt und sie freikauft. Sie erleben eine kurze, glückliche Zeit miteinander, bevor er sie verlässt, um sich einen Namen zu machen. Als mächtiger Rebellengeneral kehrt er zurück und spürt alle auf, die ihr etwas angetan haben, um Gerechtigkeit wiederherzustellen. Einigen wird vergeben, andere werden

hingerichtet. Kiều überzeugt ihn später davon, seine Waffen niederzulegen und sich den Männern des Königs zu unterwerfen, um das Leben Tausender seiner Soldaten zu retten, doch er wird verraten und getötet. Voller Verzweiflung versucht Kiều, sich in einem Fluss zu ertränken, doch sie wird von ihrer Freundin und Mentorin, der Nonne Giac Duyen, gerettet. Sie wird zum zweiten Mal als Nonne ordiniert, und fünfzehn Jahre nachdem sie zum ersten Mal verkauft worden war, kann sie sich schließlich mit ihrer Familie wiedervereinen und auch mit ihrer ersten Liebe, mit Kim Trọng. Ihre Familie überzeugt sie davon, ihr ursprüngliches Versprechen, das sie Kim Trọng gegeben hatte, zu ehren und ihn feierlich zu heiraten, doch sie vereinbart mit ihm, die Reinheit ihrer Liebe nicht durch sinnliche Begierden zu beschmutzen, und lebt den Rest ihres Lebens friedvoll und in Keuschheit. (Eine vietnamesisch-englisch, zweisprachige Ausgabe der *Geschichte der Kiều* von Nguyễn Du erschien 1987 in der Yale University Press.)

3 Dōgen Zenji ist ein in Kyoto geborener japanischer Zen-buddhistischer Lehrer aus dem 13. Jahrhundert. Er gründete in Japan die Soto-Zenschule, nachdem er jahrelang in China gelebt und in verschiedenen Chan-Klöstern praktiziert hatte. Er war äußerst produktiv in seinem Schreiben; sein bekanntestes Werk ist das *Shobogenzo.* Es besteht aus 95 kürzeren Texten. Der Text, in dem er sich mit dem Wesen von Unbeständigkeit und Zeit beschäftigt, heißt »Uji«, was so viel bedeutet wie »für die Sein-Zeit« oder »Zeit sein« (»Sein-Zeit«). Dōgen schrieb »Uji« in den frühen Wintermonaten 1240 mit 41 Jahren. Die dreisprachige Ausgabe, die Thay inspiriert hat, ist *Uji (être-Temps; Being-Time)* von Dōgen, übersetzt von Eido Shimano und Charles Vacher (Paris: Encre Marine 1997).

Jetzt sehe ich

4 *Niệm Phật thị thuỳ? – Wer ist es, der den Namen des Buddha rezitiert?* Eines der am häufigsten verwendeten Koans in der chinesischen Chan-Tradition.

5 *Đến bây giờ mới thấy đây, mà lòng đã chắc những ngày một hai* (*Die Geschichte der Kiều*, Zeilen 2283–2284). Wenn wir die erste Zeile neu schreiben, indem wir die Worte einfügen: Đến [được cái] *bây giờ* [th.] *mới thấy* [được cái ở] đây, ergibt das im Deutschen: *Im Jetzt ankommend, beginnen wir das Hier zu sehen.*

6 Der Eröffnungsvers aus *Auguries of Innocence* von William Blake, 1803. Blakes Zeilen ähneln sehr denen des vietnamesischen Zen-Meisters Khánh Hỷ (1067–1142), der in der Lý-Dynastie lebte: *Himmel und Erde balancieren auf der Spitze eines Haares, Sonne und Mond sind beide in einem Senfkorn. Càn khôn tận thị mao đầu thượng, nhật nguyệt bao hàm giới tử trung.*

7 *Bây giờ rõ mặt đôi ta, biết đâu rồi nữa chẳng là chiệm bao?* (*Die Geschichte der Kiều*, Zeilen 443–444)

8 *Lại đây, xem lại cho gần* (*Die Geschichte der Kiều*, Zeile 2195). Từ Hải hat Gerüchte über Kiềus Schönheit gehört und sucht sie in dem Freudenhaus auf, in dem sie zum zweiten Mal in ihrem Leben zur Prostitution gezwungen wird. Er ist sofort hingerissen von ihr und versichert ihr, welch Glück sie habe, einen richtigen Mann getroffen zu haben, der so für sie sorgen werde, wie sie es verdient habe. Doch gefangen und machtlos erwidert Kiều, dass sie sich zwar danach sehne, ihr Herz jemandem anzuvertrauen, doch nicht über diese Art Freiheit verfüge. Er fleht sie an, ihm in die Augen zu sehen, um sich davon zu überzeugen, welche Art Mann er sei.

9 *Tấn Dương được thấy mây rồng có phen. Tấn Dương wird einen Drachen in den Wolken sehen* (*Die Geschichte der Kiều*, Zeile 2198). Als Kiều in Từ Hảis Augen schaut, sieht sie die Wolken und Drachen von *Tấn Dương*. Dieses sehr verheißungsvolle Zeichen verweist auf eine Prophezeihung über die glanzvolle kaiserliche Zukunft eines vierjährigen Jungen im 7. Jahrhundert in China. Er wuchs auf und wurde ein machtvoller Rebellengeneral und gründete erfolgreich die kaiserliche T'ang-Dynastie.

10 *Nghe lời vừa, gật đầu, cười rằng »tri kỷ trước sau mấy người?«* (*Die Geschichte der Kiều*, Zeilen 2201–2202). *Als er Kiềus Worte hörte, nickte er erfreut und sagte lächelnd: »Wie viele können im Leben die Seele eines anderen sehen?«* Bei ihrer ersten tiefen Begegnung erkennt Từ Hải, dass Kiều der einzige Mensch ist, der ihn jemals wirklich gesehen und verstanden hat. Er verliebt sich in sie und kauft sie aus der Prostitution frei. Er hat seine Seelenverwandte gefunden.

11 *Ngỡ bây giờ là bao giờ, rõ ràng trước mắt còn ngờ chiêm bao* (*Die Geschichte der Kiều*, Zeilen 3015–3016). Kiều ist fünfzehn Jahre von ihrer Familie und ihrer ersten Liebe, Kim Trọng, getrennt, nachdem sie sich selbst verkauft hat, um ihren Vater vor dem Schuldnergefängnis zu retten. Zweimal wird sie in die Prostitution verkauft, zweimal wird sie versklavt. Bei jeder sich ihr bietenden Gelegenheit versucht sie, zu fliehen und zu ihrer Familie zurückzukehren, doch allein und von auffallender Schönheit kommt sie nie weit, bevor sie wieder eingefangen und erneut hintergangen wird. Nachdem ihre große Liebe, der Held und Beschützer Từ Hải, tragischerweise und teilweise wegen ihr verraten und getötet wird, geht Kiều ins Wasser, um sich zu ertränken. Sie wird von einer Nonne gerettet, und die beiden leben dann zurückgezogen zusammen in einem Tempel am Fluss. Kiều genießt den Frieden, doch hat sie auch großes Heimweh und fürchtet, ihre Familie nie mehr zu sehen. Als Kiềus Familie und Kim Trọng vom Ende des Krieges erfahren, nehmen sie die Suche nach ihr auf. Gerüchten folgend, kommen sie zu dem Fluss, in dem Kiều ertrunken sein soll, und dort finden sie sie als Nonne lebend.

Als Kiều sie kommen sieht, traut sie ihren Augen nicht. Dieser Augenblick ist zu gut, um wahr zu sein. Fünfzehn Jahre lang hat sie jede Nacht davon geträumt, mit ihrer Familie wiedervereint zu sein, und jede Nacht war sie voller Verzweiflung, ihre Familie möglicherweise niemals wiederzufinden. Jetzt, in diesem Augenblick, stehen plötzlich all diejenigen, die sie am meisten auf der Welt liebt, vor ihr. Von diesem Augenblick hat sie geträumt, und sie kann nicht glauben, dass er wahr ist.

Ngỡ bây giờ là bao giờ — Voller Ehrfurcht erkenne ich, dass dieser lang erwartete Augenblick jetzt *ist*, ist ein zutiefst wundervoller Satz.

12 *Bao giờ mười vạn tinh binh. Tiếng chiêng dậy đất, bóng tinh rợp đường, Làm cho tỏ mặt phi thường, Bấy giờ ta mới rước nàng nghi gia* (*Die Geschichte der Kiều*, Zeilen 2223–2226). Từ Hải verlässt Kiều, da es ihn nach Ruhm und Ehre verlangt, und er ignoriert ihre Bitten, ihn zu begleiten.

13 *L'expérience nous montre qu'aimer ce n'est point nous regarder l'un l'autre mais regarder ensemble dans la même direction. – Die Erfahrung lehrt uns, dass Liebe nicht darin besteht, dass man einander ansieht, sondern dass man gemeinsam in gleicher Richtung blickt.* Aus *Wind, Sand und Sterne* von Antoine de St-Exupéry, Karl Rauch Verlag, 1941.

14 *Dharmakaya* bdeutet wörtlich »Körper« (*kaya*) der Lehren des Buddha (*Dharma*), des Weges von Verstehen und Liebe. Im Mahayana-Buddhismus hat der Begriff die Bedeutung »Essenz von allem, was existiert«. Sich selbst als Dharmakaya zu sehen bedeutet, sich selbst als eins mit dem Kosmos zu erkennen.

15 *Bấy lâu đáy bể mì kim, là nhiều vàng đá phải tòm trăng hoa?* (*Die Geschichte der Kiều*, Zeilen 3177–3178)

16 *Bấy lâu mới được một ngày* (*Die Geschichte der Kiều*, Zeile 315). Seit dem ersten Mal, da Kim Trọng einen Blick auf die junge, schöne, unschuldige Kiều hat werfen können, sehnte er den Tag herbei, an dem er sie wiedersehen könnte. Nun ist dieser lang erwartete Augenblick da, und er überredet sie, zu bleiben und mit ihm zu sprechen.

17 *Trời còn để có hôm nay, tan sương đầu ngỏ, vén mây giữa trời. Hoa tàn mà lại thêm tươi, trăng tàn mà lại hơn mười rằm xưa* (*Die Geschichte der Kiều*, Zeilen 3123–3126). Nun, wo sie wiedervereint sind, versucht Kim Trọng Kiều davon zu überzeugen, dass es nicht zu spät sei, ihr Versprechen, das sie einander im hellen Schein des Mondes gegeben hatten, einzulösen und miteinander tiefes Glück zu erleben. Sie haben immer noch diesen Augenblick; nichts ist verloren. Der Mond ist immer noch so hell und strahlend und ihre Liebe so frisch wie zuvor.

18 *Der, der sich verbeugt, und der, vor dem sich verbeugt wird, sind von ihrer Natur her leer.* Dies ist die erste

Zeile eines Verses, der von buddhistischen Mönchen und Nonnen rezitiert wird, bevor sie sich vor dem Buddha verbeugen. Ein jeder, auch der Buddha, ist vom ganzen Kosmos erfüllt und nur von einem leer: einem eigenständigen, abgetrennten Selbst. Zu sagen, eine Person sei »leer«, meint, dass sie »leer« von einem eigenständigen Selbst ist.

19 Der vietnamesische Zen-Meister Không Lộ gehörte zur zehnten Generation der Vô-Ngôn-Thông-Linie, er verstarb 1141.

20 Diese beiden Zeilen sind aus einem Gedicht des Zen-Meisters Không Lộ. Der Ausdruck »es gibt Zeiten« oder »Zeit sein«, »Sein-Zeit«, besteht aus zwei chinesischen Zeichen 有時, die auch den Titel von Dōgens berühmtem Essay bilden, den er 1240, also ein Jahrhundert später schrieb.
有時, »Sein-Zeit« war Inspiration für beide, Không Lộ im 12. Jahrhundert und Dōgen im 13.

21 Dieser achtzeilige Vers stammt von dem chinesischen Meister Yao Shan.

22 Der berühmte vietnamesische Zen-Meister Tuệ Trung (13. Jahrhundert) schrieb ein wunderschönes Gedicht darüber, wie er sich am »Raum außerhalb des Raums« erfreut *(phương ngoại phương)*. Er war ein Mitglied der bedeutenden Familiendynastie der Trần, doch er zog es vor, nicht am Hofe, sondern zurückgezogen in einer Einsiedelei zu leben, wo er sich vollkommen der spirituellen Praxis widmen konnte. Er wurde ein großer Laien-Zen-Meister und Dichter. In einem seiner schönsten und zugleich einfachsten Verse beschreibt er, wie er gewöhnlich seinen Bambusstab nimmt, seine kleine Hütte verlässt und den Berg erklimmt, um sich am »Raum außerhalb des Raums« zu erfreuen *(Trượng tích ưu du hề, phương ngoại phương)*.

23 Auszug aus »Schmetterlinge über den goldenen Senffeldern«, Thich Nhat Hanh, 1963. Siehe dt. Ausgabe: *Nenne mich bei meinen wahren Namen, Gesammelte Gedichte*, Knaur Verlag 2012